シリーズ「遺跡を学ぶ」115

邪馬台国時代のクニの都

吉野ケ里遺跡

七田忠昭

新泉社

邪馬台国時代のクニの都
—吉野ヶ里遺跡—

七田忠昭

【目次】

編集委員
勅使河原彰（代表）
小野　昭
小野正敏
石川日出志
小澤　毅
佐々木憲一

装幀　新谷雅宣
本文図版　松澤利絵

第1章　吉野ヶ里遺跡の発掘

1　吉野ヶ里遺跡とは何か

吉野ヶ里遺跡——現在、多くの人がこの遺跡の名前を知っているだろう。一九八九年二月、平成時代のはじまりとともに「邪馬台国時代のクニ、卑弥呼が住んだ集落と同じつくり」と注目を浴びた、日本の考古学史上、もっともドラマチックな遺跡の一つである。

工業団地造成のため壊されるはずの吉野ヶ里遺跡が残ったのには、さまざまな要因があったと思う。保存を求める多くの声、邪馬台国問題と関連づけたマスコミによる大々的かつ継続的な報道、研究者の努力と協力、訪れた見学者の数……。これらが大きく貢献したのは確かだが、決定的なものはやはり、吉野ヶ里遺跡のもつ学術的価値ではなかったかと思う。そして、吉野ヶ里遺跡の登場は、高度成長による土地開発の事前調査として破壊されつづけてきた遺跡を代表しての叫びであったと、いまにしてしみじみと思う。

発掘が終われば壊されるという悲哀を感じながら、凄さを秘めた遺跡を自分の手で発掘することができるという研究者としての期待感をもちながらはじめた発掘調査であった。

それが〝九回裏ツーアウトからの逆転ホームラン〟とも称された劇的な遺跡保存の決定、歴史公園への激動の日々、史跡指定、そして特別史跡への昇格、国営歴史公園へと、吉野ヶ里の丘をとりまく環境は瞬く間に大きく変貌した。

図1●吉野ヶ里遺跡（南上空から）
脊振山地南麓の水田地帯に突きでた丘陵の上に、弥生時代終わりころの吉野ヶ里集落が実物大で再現されている（図9・35参照）。

一時期の喧噪《けんそう》が終息したいま、今度は、「このような遺跡はどこにでもある」とか「邪馬台国より時代が古い」「邪馬台国とは無関係だ」などという声をしばしば耳にするようになった。はたしてそうなのか。当初、「魏志倭人伝」に記された倭王卑弥呼の宮殿に備わっていたとされる「宮室《きゅうしつ》・楼観《ろうかん》・城柵《じょうさく》」が、吉野ヶ里遺跡で発掘された大型建物や物見櫓《ものみやぐら》、環壕《かんごう》・土塁《どるい》の跡と一致するとして注目されたが、いまあらためて発掘成果と「倭人伝」の記述を対照していくと数多くの共通点が浮かびあがってくる。

私にとって吉野ヶ里の丘は、古いものを調べることに目覚めた幼いころからの近所の遊び場であり、たくさんの遺物が拾える絶好の場所として小学生時代から中学生・高校生時代をつうじて通いつめた遺跡であった。発掘開始当初から二二年間、発掘調査の現場責任者としてそのほとんどの場面に居合わせ、関わった者として、さまざまな記憶が印象深くよみがえってくる。その流れをふりかえりながら吉野ヶ里遺跡の発掘がもたらした意義をみなさんと考えてみたい。

2　吉野ヶ里研究の先人・七田忠志

地元の考古学徒・七田忠志

「一たび古来における大陸との交渉関係を考究する時、邪馬台国問題を再考する時、……我々の前途にその解決の鍵を与えんとするものは、我々のいう筑紫平野の研究ではあるまいか。今後におけるこの地方の研究が、我が考古学界に多大の指示を提供するであろう事を疑わぬ」

これは大正時代、佐賀県東部の広大な田園地帯に突きだした吉野ヶ里の丘を、銃を担いでうさぎや野鳥の狩りをする父親の後をついて地面ばかりみては石ころや焼き物のかけらをせっせと拾い集めていた少年が、考古学を勉強するため上京し、大学一年生のときに考古学研究誌『史前学雑誌』に投稿した論文の一節である。

その少年は七田《しちだ》忠志《ただし》、私の父である。忠志は一九一二年（大正元）、吉野ヶ里遺跡のすぐそば、佐賀県神埼《かんざき》郡仁比山《にいやま》村（現・神埼市）志波屋《しわや》に生まれた。

幼いころから遺跡・遺物に興味をもった忠志は、旧制三養基《みやき》中学校を卒業後に陸軍幹部候補生として入隊し二年間兵役につくが、満期除隊後、二二歳で國學院大學高等師範部に入学し、鳥居龍蔵や折口信夫《しのぶ》、大場磐雄《いわお》、樋口清之《きよゆき》らから考古学や民俗学を学ぶとともに、入学前から師事していた弥生時代研究の泰斗、森本六爾《ろくじ》が主宰する東京考古学会で小林行雄《ゆきお》、藤森栄一《えいいち》、杉原荘介《そうすけ》らと活動し、また酒詰仲男《さかづめなかお》らと貝塚研究会同人として関東地方の縄文研究にも加わっていた。とくに森本六爾、小林行雄から特段の薫陶を受けたことが、数多く残る彼らからの書簡にうかがえる。

こうして忠志は東京で勉学をつづけるが、故郷筑紫平野のいにしえの姿を解明することにこだわりつづけ、吉野ヶ里の丘で墳丘のような高まりのなかから発見した甕棺墓《かめかんぼ》や奈良時代の寺院跡、佐賀県内の装飾古墳、縄文時代の遺跡を中心に、九州北部の原始・古代について、史前学会発行の『史前学雑誌』や、東京考古学会発行の『考古学』、國學院大學考古学会発行の『上代文化』などに発表していくのである。

佐賀平野の考古学

九州北部地方の弥生時代に関する研究は大正時代から活発におこなわれたが、その中心は福岡市をはじめとする玄界灘周辺の地域であった（図2）。この地域では江戸時代以来、中国の史書『後漢書』に記されていた「漢委奴国王」の金印が発見されたり、現在の糸島《いとしま》市では三雲《みくも》南小路《みなみしょうじ》遺跡や井原鑓溝《いわらやりみぞ》遺跡で多数の漢時代の銅鏡が発見されるなど、多くの弥生時代の遺跡が知られ、「倭人伝」に記された倭の国々のうちの「末盧国《まつろ》」「伊都国《いと》」「奴国《な》」が存在する地域として注目されていた。

吉野ヶ里遺跡は、玄界灘沿岸地方とは脊振《せふり》山地でへだてられた南の有明海沿岸に広がる筑紫平野のほぼ中央にある。玄界灘沿岸地方を弥生文化の中心とみれば、周辺となるわけだ。しかし筑紫平野は、筑後川をはじめいくつもの大きな河川が山地の土を有明海に運び込み肥沃な平野を形成しており、現在でも農業生産基地としての役割をはたしている。農業近代化以前の一九三五年前後には、コメの反当たり収量が全国一となったほどの米作農業に適した土地であった。そうした豊かな土地が、農耕社会がはじまる弥生時代に栄えなかったはずはなく、多くの遺跡・遺物がみつかっていた。

吉野ヶ里遺跡の名が考古学史上はじめて登場するのは大正時代末のことで、佐賀県の考古学の草分けともいわれる松尾禎作《ていさく》らが、吉野ヶ里の「この丘は標識的弥生式丘陵で土器破片がぞくぞく畑に出ている。古代人の住むのに最も都合のいいところだったと思われる」と、遺物の散布状況に驚きをこめた感想を述べている。

その後、当時福岡の東筑《とうちく》中学校で教鞭をとっていた三友《みとも》国五郎《くにごろう》が、佐賀平野の甕棺墓地や貝塚を紹介するなかでこの地方の地理的条件の有利さを説き、「絶好の地理的条件をもっている佐賀平野には遺跡地が無いのではなくて、実際は両筑（筑前・筑後）地方に比して遺跡発見が少ないであろうと自ら解釈をしておったのであった。果たして予想していた如く土中の文化は土中の文化として、長い間埋もれて居ったが、遂にこれが紹介せられる時がやって来たのである」と述べ、とくに吉野ヶ里遺跡については図面など

図２ • 吉野ヶ里遺跡と九州北部の弥生時代の遺跡
福岡や糸島、唐津など玄界灘沿岸地方にくらべ、広大な平野に恵まれた有明海北岸に吉野ヶ里集落は営まれた。

を付してくわしく報じている。

忠志も、先に紹介した文章につづけて「千古の扉を鎖している、筑後川下流の肥沃なる沖積大平野における貝塚群を見出す時、幾多の池溝に囲繞《いぎょう》されたる住居跡を見出す時、筑紫平野の文化的解剖も又其の重要性を失わないものであると思う。彼の継体天皇の時、筑紫国造《つくしのくにのみやつこ》磐井《いわい》はいかにして、反乱を勃起せしむる勢力を養い得たか。時あたかも、原始農業問題の云々されつつある折柄、我等の前途にその解決の鍵を与えんとするものは、我々の言う筑紫平野の研究ではあるまいか」と、佐賀平野と筑後平野からなる筑紫平野の重要性を指摘しつづけた。

しかし、考古学界全体からみればこの地域はあまり注目されないまま、日本全体が戦時体制に突入するとともに研究活動は一時停滞していくことになる。

忠志も大学を卒業後、京都大学の梅原末治《すえじ》の勧めで満州国から高句麗中期の王都があった輯安《しゅうあん》の古跡調査の委嘱を受け現地で古墳などの調査に当たっていたが状況が悪化し帰国、東京府立第一商業学校の教諭をしながら研究をつづけた。一九四一年（昭和一六）、太平洋戦争開戦と同時に久留米の歩兵第一四八連隊に応召され、翌年二月に出征、サイゴン、シンガポールを経て、ビルマ（現・ミャンマー）のラングーン（現・ヤンゴン）に上陸後、ビルマ・中国雲南の国境地帯を転戦することになる。

応召直前の時期、当時の考古学界の状況に対し苦言を呈する一文「日本考古学の反省」を『歴史』に書いている。その末尾は「日本考古学は今や学問の本能への強烈なる意欲に徹し、さらに痛烈なる自己反省と自己改革との上に、社会的有用の学として新に出発すべき時期に到達しているといわなければならぬ。……考古学のための考古学から我々は国民のための考古学へと本来あるべき姿に還さねばならぬ。……我々は日本考古学の精神的、方法的、組織的、革新を期待してやまぬものである」と結んでいる。

戦後、地元教師として

一九四六年、忠志は失意のうちに復員する。戦争の痛手により上京するのをあきらめ、翌年、地元神埼高等女学校（後の神埼高校）の教員になる。そして自転車で自宅と学校のあいだを往復するなかで、戦後の開拓などのために無秩序に壊されていく古墳や遺跡群を目の当たりにする。吉野ヶ里の丘も例外ではなかった。

一九五〇年、地元佐賀の人文関係の研究雑誌『郷土研究』の創刊号に、「昔の事なんか、どうだってよいではないか。そんな事を調べて何になるんだ。……いわば一種の嘲笑的な言葉をしばしば耳にする。……現代を正しく打開し、自らの生活を幸福に、未来を正しく建設していく

図３● 踏査中の七田忠志（1958年８月）
戦後も愛用の自転車に調査道具を積み遺跡の踏査を続けた。

ためには過去を正しく知る事の如何に重大にして、価値あるものであるか、そして歴史によって裏づけられ、根拠づけられているもの程、強さを持ち、力を持っている事、過去は決して単なる過去ではない事が判るであろう」と、郷土史研究家や役場職員、学校の教員などに対して、考古学や歴史資料の重要性や研究の意義を理解し、まわりに説くよう懇願した。そして、ふたたび地元の遺跡の踏査と保存に邁進していくことになる（図3）。

迫りくる開発の足音

一九七〇年代になると、佐賀県においても農業基盤（圃場）整備事業や住宅団地・工業団地などの開発事業にともなって、各所で発掘調査がおこなわれるようになる。調査のほとんどが、開発にともなって破壊される文化財を図面や写真に残す「記録保存」である。

脊振山地の南麓から平野にむかって帯状にのびる周辺の丘陵は、吉野ヶ里遺跡のある丘陵と同様に遺跡の宝庫であったが、忠志の奮闘もむなしく、開発によって少しずつ姿を消しつつあった。そして一九七五年ごろには、開発の波はしだいに吉野ヶ里遺跡周辺に押し寄せてきた。丘陵周辺の水田の圃場整備、丘陵上の工場建設や宅地開発などにともなって小規模な発掘調査が実施され、それぞれが吉野ヶ里遺跡のもつ内容を垣間見せ、実体がよくわからない大遺跡がベールを脱ぐときが近づいてきた。しかし、教員のかたわらに佐賀県の文化財専門委員を務め遺跡の保存に努力していた忠志は、一九八一年に、翌年からはじまることになった吉野ヶ里遺跡の試掘・確認調査やのちの本格的な発掘調査を待たず、六八歳の生涯を閉じたのである。

3　ベールを脱いだ大遺跡

記録保存のためにはじまった調査

幻の遺跡がベールを脱ぐきっかけとなったのが、佐賀県の工業団地計画であった。一九八二年、丘陵地全体にトレンチを設けての事前調査がはじまった。竪穴住居や溝、墳墓などの遺構があるかどうか、あるとしたらその内容や数の多少、深さなどを調べ、本格的な発掘調査計画を立て、必要な費用を積算するためのものである。

最終的に約六七ヘクタールの工業団地面積のうち、三六ヘクタールの区域に遺跡が存在することが判明した。そして、とくに遺跡が密集していると確認できた六ヘクタールの区域を団地内の保存緑地とし、残る三〇ヘクタールの広大な区域を記録保存のために三年間で発掘することになったのである。

佐賀県教育委員会の文化財課に職をえて、文化財保護と開発との調整や県内各地の発掘調査を担当していた私は、その現場を任されることとなった。父忠志について遺跡をまわり、考古学に興味を抱いた幼いころから、もっとも身近でたくさんの遺物が採集できる遺跡として吉野ヶ里遺跡に対する思い入れは大きかった。

私が関心をもって歩きはじめた一九六〇年ごろ、吉野ヶ里遺跡がある丘陵の上の農道では、くぼみや轍《わだち》を埋めるために甕棺片や弥生土器片、石器の破片が利用されていた。江戸時代に石器が雷石とか雷斧とよばれたように、雨が降るたびにつぎからつぎに地表にあらわれるそれらの遺物は、しばらく畑の隅に集められていた。そこは遺物採集の格好の場所であり、耕作の邪魔者であるかけらのなかに輝くものを見出したときには大きな喜びを感じたものだった。遺物採集の途中に地元の農家の方から声をかけられ、自宅に保管してあった遺物をいただいたことも多い。なかには中国前漢代の銅鏡片や真っ赤に塗られた祭祀用の弥生時代の壺、奈良時代の軒丸瓦など貴重なものもあった。

その吉野ヶ里遺跡を自分の手で発掘できる期待感と、発掘が終了したら壊されるという遺跡の運命とを感じながらの発掘調査となった。

ぞくぞくとみつかる重要遺構・遺物

一九八六年五月二八日、発掘調査がはじまった。現場事務所の広場に勢ぞろいしたのは、佐賀県教育委員会から私と森田孝志、田島春己、神埼町教育委員会の桑原幸則、田代成澄《せいすみ》、三田川町教育委員会の草野誠司の六名の調査員と、永田稲男など調査補助員、そして現場で発掘にあたる発掘作業員、事務所で出土遺物や記録類の整理にあたる整理作業員たちである。作業員の大半は、この工業団地のために土地を手放した農家の方々である。総勢百名に近い態勢での大発掘調査がはじまった。

まず調査にとりかかったのは、丘陵の北側である。前もって重機を使って畑作のために耕されてた表土をとりのぞいていた場所を、かき板（ジョレン）とよばれる刃の部分が広い鍬《くわ》のような道具で表面をかいていくと、甕棺を埋めたらしい穴（墓壙《ぼこう》）の輪郭がつぎからつぎへとあらわれてくる。また、竪穴住居らしい円形や方形の大きな跡もでてきた。

発掘当初は、毎日が甕棺の発掘と人骨との対面であった（図４）。甕棺の発掘はさまざまな遺構のなかでもっとも注意力が必要で、手間がかかるものである。遺体とともに棺内に納められた文物は棺内になんらかの形で残っているはずなので、竹へラや耳かきなどによって注意深く土をとりのぞかなければならないし、もちろん人骨を傷つけてはならない。また彼らは私たちの祖先であるので、つねに敬意を払いながらの発掘である。

結局、最初の調査では、弥生時代の遺構として甕棺墓を主体とする墳墓六〇〇基や竪穴住居跡十数基などを発見した。ちなみに、吉野ヶ里遺跡全体ではこれまでに三一〇〇基を超す甕棺墓を確認している。

一九八七年になると、丘陵の中央で一〇〇メートル以上にもつらなる断面Ｖ字形の大きな壕跡を発見した（図５）。これらは開墾によって地表面から一メートル程度削られているものの、幅六・五メートル、深さ三メートル以上の大規模なものであった。さらに、溝のなかの土には多量の土器などが埋まっている。発掘では金属製のスコップを用い、足場となる板を渡し、ロ

図４●甕棺の出土状況
深さ２ｍほどの墓穴を掘り、甕棺を据えて遺体を納めた。
甕棺の継ぎ目は粘土でていねいに目張りされている。

ープをつけたバケツで土を運び上げるのだが、一日に二メートル進めば上出来である。弥生時代は木製または鉄の刃先をつけた鋤《すき》や鍬を用いて作業したはずで、困難をきわめたにちがいない。

この壕は南へ北へとのびる勢いで、もしかしたら吉野ヶ里の丘をすっぽりとかこんでしまうのではないかと思ったほど大きなもので、出土する土器も多量で、ただものではない巨大な環壕集落がしだいに姿をあらわしてきたのである。

一九八八年九月二八日は、弥生時代の吉野ヶ里遺跡が世間の注目を集めはじめた日として、記念すべき日であった。日本初の巴形銅器《ともえがたどうき》の鋳型発見の日である（**図6**）。巴形銅器はスイジ貝を模したともいわれる盾の飾り金具と考えられる独特の青銅器である。発見したのは、翌年八月一七日、調査中に落雷事故により二九歳の若さで殉職した田代成澄であった。

巴形銅器の製品は、古墳時代のものも含め全国

図5 ● 環壕跡の発掘
当時の技術では大土木工事であった。10人で発掘にあたっても1日に1m程度しか進まない。

から一〇〇点以上出土していたが、鋳型は今回がはじめてであり、一〇月五日に記者発表をおこなうことになった。記者発表は県庁の県政記者室でおこなうのが通例であったが、パノラマのように広がる吉野ヶ里遺跡を報道陣に印象づけようと現場事務所でおこなった。巴形銅器の鋳型の説明はほどほどに、集落の構造や規模の大きさに重点をおいて発表したが、集落跡が記事として大きく扱われることはなかった。

それでもしだいに環壕集落として認知されるようになり、地元紙に「吉野ヶ里遺跡は日本最大の環壕集落になる可能性がでてきた」と報じられるようになる。全国の研究者にも「巨大な環壕集落跡が発掘されている」という噂が広がり、ぽつりぽつりと考古学研究者が訪れるようになっていた。

衝撃の全国デビュー

そして一九八九年二月二三日、この日は私にとって生涯忘れえない日である。ＮＨＫの朝七時の全国ニュースの冒頭は、翌二四日に執りおこなわれる昭和天皇の大葬の礼についてであったが、そのつぎに「魏志倭人伝に書かれてい

図６ ● 巴形銅器の鋳型と復元品
盾の飾り金具とも推定されている青銅器の鋳型で、国内初出土のものであった（復元品は大隈悟氏製作）。

る卑弥呼の住んでいた集落とそっくり同じつくりの集落が佐賀県でみつかりました」とキャスターの声。朝日新聞は「邪馬台国時代のクニ　佐賀県吉野ヶ里　最大級の環濠集落発掘」と一面に大きくとりあげている。

腰が抜けたように体が動かない。しばらくして涙がこみ上げてくる。やっと、吉野ヶ里遺跡の名が全国に知れわたる！　当時は、このような重要な遺跡が世に知られないまま壊されてしまったらとりかえしがつかない、一部でも保存ができないものか、とひそかに思っていた。

ニュースはつづけて、弥生時代研究で知られる、当時奈良国立文化財研究所の指導部長をしていた佐原眞《まこと》のインタビューを流した。九州管内のニュースでは佐原がスタジオで遺跡のもつ重要性をくわしく解説した。私は年甲斐もなく家中を走りまわり、妻や母親、幼い娘や息子にまで「出たぞ！　吉野ヶ里がテレビにでたぞ！」と騒ぎ立てたことを覚えている。

佐原眞は吉野ヶ里の救世主ともいえる。ニュースになる直前に、吉野ヶ里遺跡の調査指導のために招請していた。

二月二一日午後、佐原は佐賀駅に到着。まず訪れた佐賀県庁内で、私の上司、武藤佐久次文化課長らに「わたしは、吉野ヶ里を残すために来た」と挨拶代わりの一言。佐原は保存したいという強い意志をもっての佐賀訪問であった。同席していた高島忠平《ちゅうへい》参事の驚きはいかばかりかと推測できた。高島は佐原とは奈良国立文化財研究所で同僚であったが、一九七四年から佐賀県教育委員会に移り、県内文化財の調査・保護の指導的立場にあった。吉野ヶ里遺跡の発掘調査がはじまった一九八六年に佐賀県立博物館へ異動していたが、調査最終盤の八八年には文化課にもどり、吉野ヶ里遺跡調査の指導や文化庁との調整にあたっていた。博物館在任中にも足しげく現地を訪れるなどして調査を指導した。高島の存在なしに、いまの吉野ヶ里はなかったと思っている。また、同時に朝鮮考古学に非常に詳しい藤口健二が、私たちの直接の上司として異動してきたことも心強かった。

佐原は夕方近くに現地の発掘事務所に到着し、まもなく到着したマスコミの記者に対し、吉野ヶ里遺跡のもつ価値を事細かに解説した。翌二二日、私は佐原を朝早くから遺跡の隅々まで案内し、今後の調査について指導してもらった（図7）。記者が多く集まり、取材のためのヘリコプターが上空を旋回するなど、ただごとではすまない予感がした。このときの取材が、翌二三日のテレビと新聞の大報道となったのである。

墳丘墓の発掘

その日を境に吉野ヶ里に報道陣が大勢押し寄せ、テレビや新聞紙上を賑わせない日はないほどになった。しかし、発掘の最終期限は残すところ一カ月、気はあせるばかりであった。

図7●吉野ヶ里視察中の佐原眞（1989年2月22日）
佐原は吉野ヶ里の丘で遺跡の重要性を説いた
（左から佐原、高島、森田、筆者）。

遺跡の見学者の数はしだいに多くなり、二五、二六日に開催した遺跡見学会には一万人以上の見学者が訪れた。その後も日を追うにつれて見学者は増加の一途をたどり、土曜・日曜などは全国から数万人単位の人びとが吉野ヶ里遺跡へと集まってきた。それは、もう一つの新しい大発見、墳丘墓《ふんきゅうぼ》の発掘があったからである。

二月の中旬、吉野ヶ里が話題になる直前、環壕集落の北約四〇〇メートルの地点で、最後まで調査の手がついていなかった小山にトレンチ（試し掘りの溝）を設けて、この小山が何であるのかを調査した。

地元の人はこの小山を「城《じょう》」とよんでいたので、おそらく戦国時代の山城《やまじろ》関係の遺構、あるいは古墳時代の円墳ではなかろうかと思いながらの確認調査であった。小雪のちらつく寒いなか、調査をはじめて間もなく、盛り土のなかに埋まっている甕棺をみつけた。弥生時代の王の墓とされる墳丘墓の発見であった。

「すごい！」一緒に調査した草野と顔を見合わせる。体がふるえてしばらく声がでなかったが、すぐに「どうしよう、調査期間がない！」と現実に引きもどされた。

三月二日、いよいよ墳丘墓発掘の開始である。冷たい北風がふく九州の冬とは思えない寒い日であった。墳丘墓の調査には調査員三名と一二名の作業員が専従であたることにした。

調査開始時にはすでに、内側が朱色に染まった甕棺の一部が出土していた。墳丘墓の周囲にはロープを張って調査関係者以外は立ち入り禁止とし、慎重な調査を実施した。まもなくして、墳丘墓の上から「出たー」の歓声があがった。朱塗りの甕棺から、類例まれな把頭飾《はとうしょく》付き有柄《ゆうへい》銅剣《どうけん》とあざやかに輝くガラス管玉《くだたま》が発見されたのである（図8）。

出土状況をカメラやテレビカメラに収め放送局へ急行する記者、バイク便にフィルムやテープを渡す記者、当時はめずらしい無線電話で記事を送る記者もいるなど、現場はものものしい雰囲気につつまれた。「よかった、よかった、これで吉野ヶ里は残るかもしれないね」と、ほとんどの記者が私たち調査員を元気づけてくれた。開発継続か保存かの判断に揺れていた香月熊雄知事が、県庁内の議論でも「墳丘墓の調査結果をみて判断したい」と述べたためである。翌日の新聞は、一面でカラー写真付きで「王族の墓から銅剣と管玉が出土!!」と大々的に報じた。

図8 ● 墳丘墓内の甕棺墓から副葬品を発見
1989年3月2日、墳丘墓の発掘開始直後に豪華な副葬品が発見され、遺跡は保存へと大きく動いた。

開発から保存へ

そして三月七日午後、墳丘墓を視察した香月知事は、銅剣・管玉などの出土品を前にして記者団からの取材に、「全国に誇れる遺跡だ。文化庁とも相談して、史跡指定をお願いしたい。環壕集落はもちろん、墳丘墓にいたる区域も広範囲に残したい」と、積極的に吉野ヶ里遺跡を保存する旨を表明した。開発から保存へと転換した瞬間である。

その場に居合わせた私は、まだ実感することができなかったが、作業を終えて発掘事務所に戻ってみると、テレビニュースが知事の遺跡保存表明を伝えている。事務所に詰めている記者団からも拍手が起こり、これまでの精神的、肉体的な疲労も吹っ飛び、喜びがこみ上げてきた。

吉野ヶ里遺跡の保存はさまざまな要因によって決定されたのだが、知事の判断には、それまで目立った観光地がなかった佐賀なのに、吉野ヶ里が大勢の人びとであふれたことがあったと思っている。知事からは毎夕、調査結果とともに人出を訪ねる電話がかかっていた。佐原眞の保存への強烈な思いとともに、佐原の訪問まで工事を延期してくれた地元建設会社の現場監督黒岩貞夫の功績も大であった。そして何よりも、保存を訴えてきた県民や団体の功績であった。

こうして吉野ヶ里遺跡は「弥生時代における有力な首長層の確立や『ムラ』から『クニ』へという原始国家成立の過程を考えるうえで、欠くことのできない重要な遺跡である」として、一九九〇年五月に史跡に、翌年五月には遺跡の国宝級とされる特別史跡に指定されたのであった。

第2章　はじまりの集落

1　草分け的集団の集落

環壕の発見

吉野ヶ里丘陵では、弥生時代の前期初頭～前半（紀元前五世紀～紀元前四世紀）、丘陵南端の「田手一本黒木地区《たでいっぽんくろき》」（図9）に最初の壕をもつ集落ができる。みつかったのは壕の一部で、直線的に三五メートルほどが確認された。空堀《からぼり》である。幅一・九メートル、深さ〇・八五メートル程度残っており、逆台形をしている。開墾など地形の改変により遺跡の上面が削られているため、当時の深さはわからない。本書では遺存していた深さを示しておこう。

壕を埋めていた土のなかからは、弥生時代初頭の土器（板付《いたづけ》Ｉ式土器と、それと同時期の在地の土器、図10）とともに、弥生文化の成立に大きな影響を与えたとされる朝鮮半島南部の松菊里文化で特徴的な三角形石包丁などが出土したので、少なくとも弥生時代前期初頭にはこの

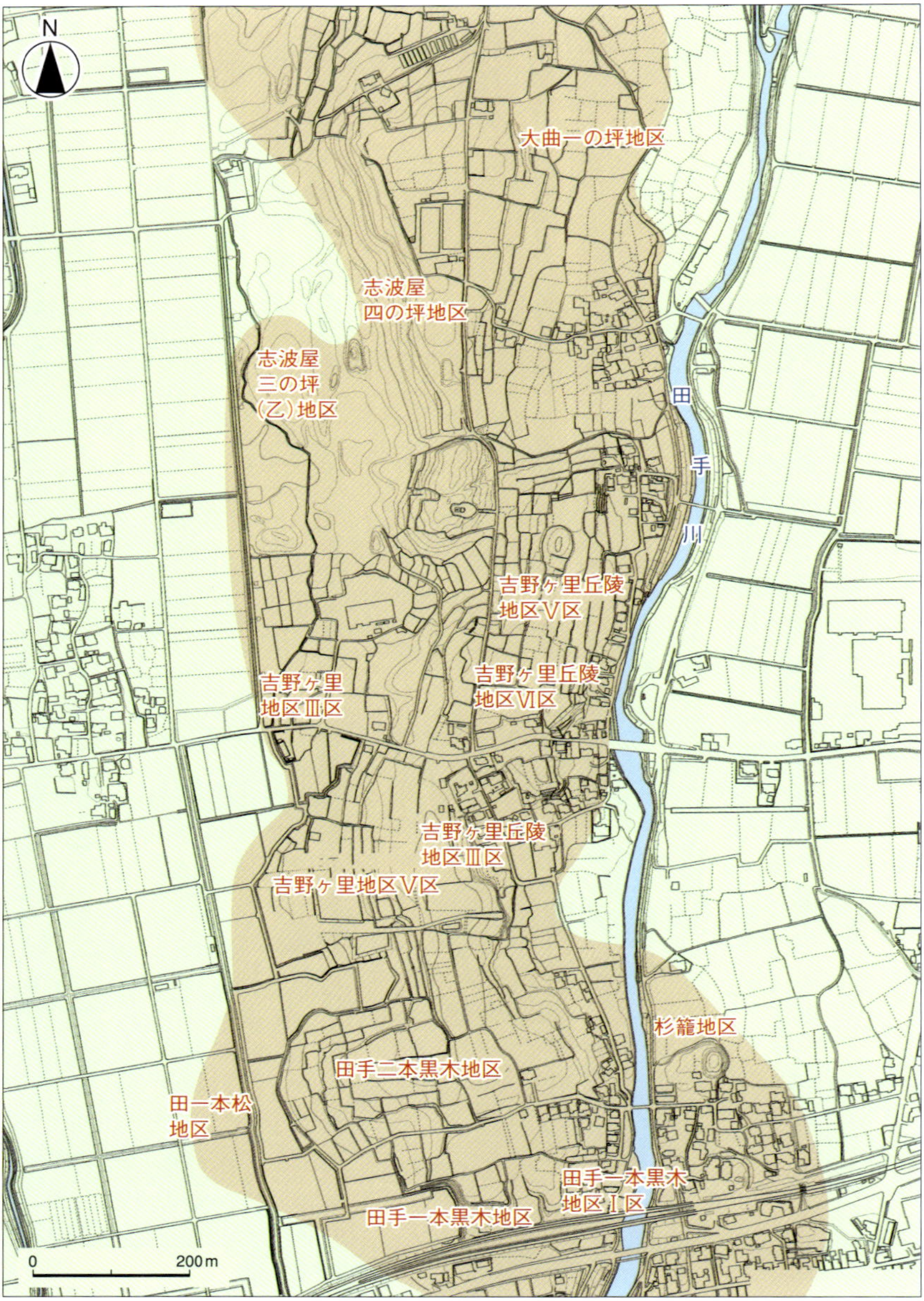

図9● 吉野ヶ里丘陵とおもな地区
発掘が広域におよんだため、全体を吉野ヶ里遺跡とし、小字ごとに分けられていた遺跡名を調査区名に替えて発掘を進めた。

壕があったことになる。

この壕がどのような区域をかこむのか、内部にどのような遺構が存在するのかなどは今後の調査を待たなければならないが、北北東一五〇メートルの地点で、同時期と考えられる壕跡がみつかっていることなどから、二ヘクタール前後の広さをかこむ環壕が形成されていた可能性もある。なお、この壕は前期前半までは機能していたとみられる。

稲作の痕跡

吉野ヶ里遺跡付近では、東方約七〇〇メートルの田手二本松遺跡で、縄文時代晩期の土器や水田稲作農耕とともに伝わった大陸系磨製《ませい》石器（**図16参照**）が出土し、西方低地の微高地で縄文時代晩期の土器やイネのプラントオパール（**図11**）が多数出土していることから、台地周辺の低地では縄文時代晩期から弥生時代前期初頭にかけて、稲作を開始していたことがうかがえる。これらの集落が吉野ヶ里の草分け的な壕を備えた集落の成立に関わっているとみることができる。

水田稲作農耕が朝鮮半島経由で九州北部に伝播してまもな

図10 ● 弥生時代前期の土器
甕形土器に壺形土器と高坏形土器が加わり、弥生土器の基本構成ができあがる。
甕は口縁が外反する福岡側のものと違い、刻み目の突帯がつく。

いころ、玄界灘沿岸地域にやや遅れて壕でかこんだ拠点的な集落が有明海側の平野にも生まれていたらしいことは注目される。

少し後の前期前半には、北約六〇〇メートルの「吉野ヶ里地区Ⅴ区」と、一二四〇メートルの「志波屋《しわや》四《よん》の坪《つぼ》地区」の丘陵上にも小規模な集落が分散して営まれた。少数の竪穴住居と貯蔵穴が発掘されたが、竪穴住居の多くは円形で中央にある土坑の両側に一対の柱穴をもつ、朝鮮半島由来のいわゆる松菊里型住居であった（**図12**）。中期前半までの竪穴住居の形態は円形のものがほとんどで、この形を継承しているが、大型のものは中央土坑の両側に設けられた屋根を支える二本の柱が、四本以上と周囲に位置するようになる。

2　環壕集落の形成

本格的な環壕集落の成立

弥生時代前期後半（紀元前三世紀）になると、これまでの環壕跡の北方約一七〇メートルの丘陵尾根に、大規模な環壕をめぐらせた本格的な環壕集落がつくられる（**図13**）。

図12 ● 松菊里型住居跡
弥生時代前期から中期にかけての竪穴住居の基本的な形で、吉野ヶ里遺跡でも大半を占める（写真は中期前半のもの）。

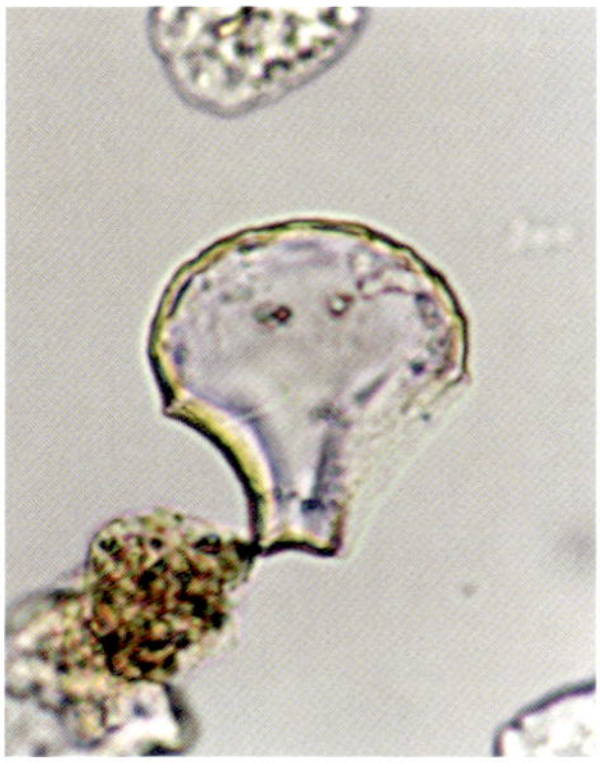

図11 ● イネのプラントオパール
遺跡周辺の弥生時代と考えられる土層から出土する。

環壕は南北二〇〇メートル程度、東西最大一五〇メートルの範囲を卵形にめぐる。内部の面積は約二・五ヘクタール程度と推定できる。壕は、残りがよい部分で幅約四・四メートル、深さ約二・五メートルのV字形をした本格的なものだ（図14）。

この環壕集落一帯はその後の中期にも集落の中心であるため、中期の竪穴住居跡や貯蔵穴跡も多数あるが、前期に属する円形の竪穴住居跡や貯蔵穴跡もいくつか確認されている。環壕跡から出土した土器・石器の量からすると多数の住居が営まれていたはずである。

また環壕からは、有明海や近隣河川産のスミノエカキ・アカガイ・アカニシ・テングニシ・タニシなどの貝殻やイヌ・ニホンジカ・イノシシ類などの獣骨、キジ・ガン・カモなどの鳥骨などが出土し、穀物以外の当時の食糧事情を知るてがかりになった（図15）。

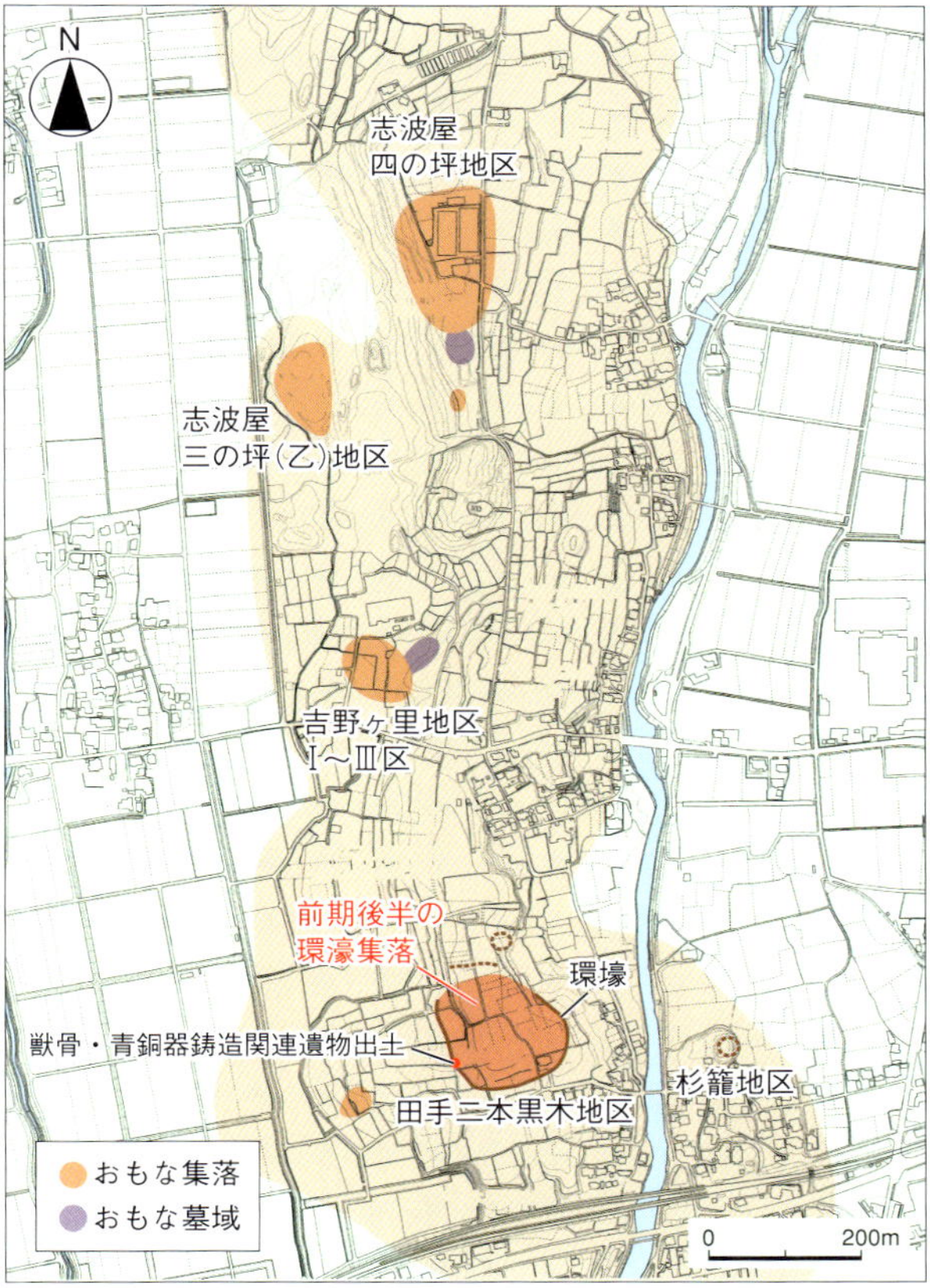

図13 ● 弥生時代前期後半の集落
丘陵上の各地に分散していたムラの数が減り、かわって南部に環壕集落が営まれ、吉野ヶ里集落の拠点となる。

また、この規模の大きな環壕集落とは別に、前期環壕のすぐ北と東約二〇〇メートルの場所で径約二〇〜三〇メートルの範囲を円形にかこむ環壕がみつかっている。内部から貯蔵穴とみられる遺構が確認されており、たんなる環壕集落とは異質な性格をもった施設だった可能性もある。

青銅器鋳造の痕跡

壕を埋めていた土のなかからは大量の土器・石器が出土した。その特徴をみると、土器のうち煮炊き用の甕形土器は縄文時代晩期の夜臼《ゆうす》式土器の流れをくむものが大半で、福岡平野に特徴的なものは極端に少ない。

また石器は、太形蛤刃石斧《ふとがたはまぐりばせきふ》や柱状片刃石斧《ちゅうじょうかたはせきふ》、扁平片刃石斧《へんぺいかたはせきふ》、石包丁など

図14 ● 弥生時代前期の大規模な環壕の断面
V字形の環壕の底は狭く縦に掘られている。当時は深さ3m、幅5m以上の規模であった。

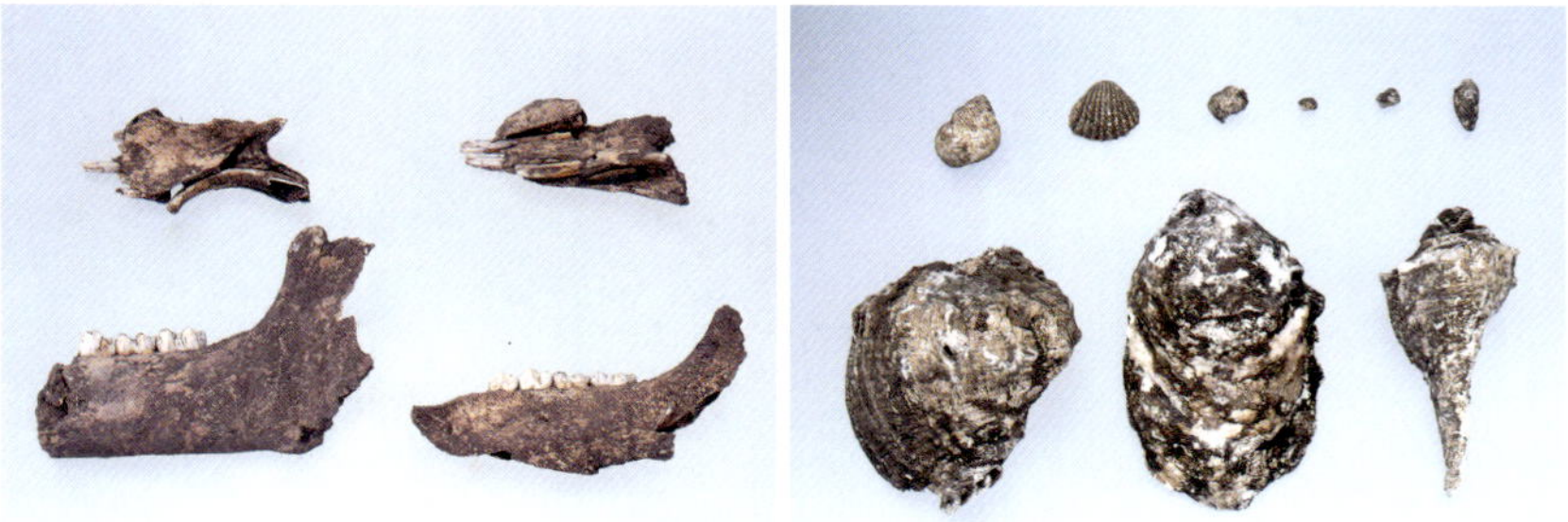

図15 ● 弥生時代前期の環壕から出土した獣骨と貝殻
環壕の西の部分から、有明海産の貝殻やイノシシと考えられるものを含む獣骨が出土した。

大陸系磨製石器（図16）がそろっているものの、縄文時代の伝統をひく剝片《はくへん》石器も多く、点数では剝片石器がやや上まわっている。このことは、前期後半の吉野ヶ里集落がまだ縄文時代から弥生時代への変化の最中にあることを示している。なお、磨製石器の原産地は、太形蛤刃石斧は福岡市今山《いまやま》産のものが大半で、石包丁は飯塚市立岩《たていわ》産のものがある（図2参照）。

弥生時代に特徴的な青銅器鋳造にともなう遺物も出土している。青銅器鋳造に用いたと考えられる炉の送風管先端である鞴羽口《ふいごはぐち》や取瓶《とりべ》らしい土製品、溶けた青銅の鉱滓《こうさい》である（図17）。青銅器の鋳型はそれまで弥生時代中期前半以降の遺構からしか出土していなかったが、吉野ヶ里遺跡ではさらにさかのぼった前期後半に青銅器鋳造を開始していることが確実になった。

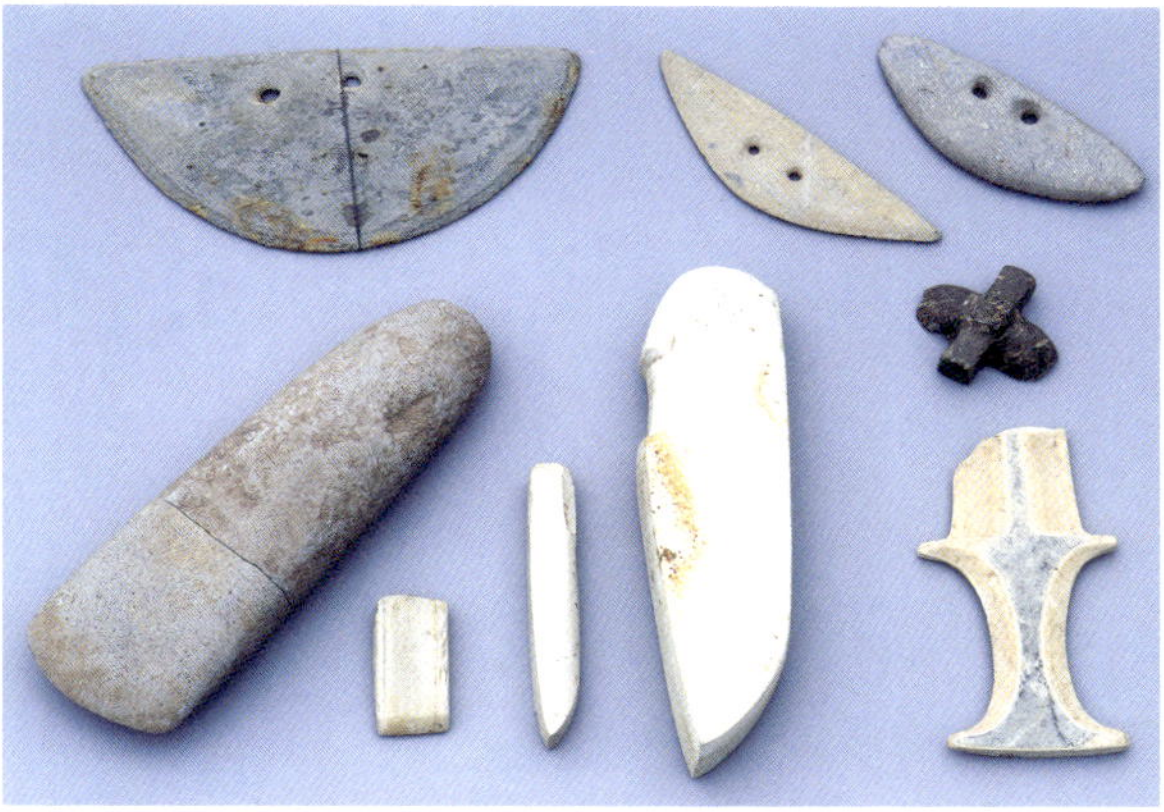

図16 ● 吉野ヶ里遺跡から出土した大陸系磨製石器
出土した磨製石器のほとんどは朝鮮半島系譜のものであった。

図17 ● 弥生時代前期の環壕から出土した青銅器鋳造遺物
前期後半の環壕跡からは、取瓶と考えられる土製品（写真左）や鞴羽口（先端、右）のほか、鉱滓も出土した（真ん中は中期の銅矛の内型）。

甕棺墓の出現

吉野ヶ里遺跡を特徴づけるものに甕棺墓がある。これまでに三一〇〇基以上発掘されている。甕棺墓は、高さ一メートル以上の素焼きの巨大な土器を棺としたもので、九州北部の佐賀県東部と福岡県西部でとくに盛んにおこなわれた墓制である。同時代の朝鮮半島には小型の甕棺墓はあったが、成人用の大型のものは後の三国時代（日本の古墳時代）を待たなければならない。

甕棺には大型のもの、中型のもの、小型のものがある（図18）。内部から出土する人骨の年齢などから、大型のものは成人用、中型のものは女性や小児用、小型のものは乳幼児用と考えられる。

大型の甕棺墓は、一般的には深さ二メートル程度の穴を掘り、底に横たえた大きな甕形土器のなかに遺体を納め、その口に蓋となる同形の甕形土器や鉢形土器あるいは木や石の板をかぶせ、合わせ目を粘土で目張りして埋めもどす墓である。埋葬が終了したら、上部に土饅頭が残ったであろう。

甕棺墓のほかに弥生時代の墓地には、地面に長方形や楕円形の穴を掘り、そのまま棺として、その上に木の板や石で蓋をする土壙墓《どこうぼ》や、穴を掘ってそのなかに木の板で棺をつくる木棺墓《もっかんぼ》、板状の石で棺をつくる組合せ式箱式石棺墓《はこしきせっかんぼ》などがある。ちなみに九州北部地方とよく対比される近畿地方ではおもに木棺を採用しており、方形周溝墓《ほうけいしゅうこうぼ》とよばれる低い盛土をもった墳墓も多く発掘されている。

吉野ヶ里の甕棺墓は、戦後の開拓や一九六〇年前後のみかん園開墾の際にかなり破壊されたが、深く埋められたものは良好な状態で残っている。

甕棺はまさにタイムカプセルであり、状態さえよければ人骨はもとより衣服の布や髪の毛までも残っている。そのなかのいくつかには、まれに銅剣や銅鏡など貴重な文物が副葬されているものや装身具を装着したままの状態の人骨もある。「歴史の沈黙するところ、墳墓よくこれを語る」といわれるように、墓地の発掘によって、その構造とか副葬品のちがいによって被葬者の生前の身分や当時の社会構造なども知ることができるのである。

この甕棺墓、前期初頭から前期前半に属するものはまだみつかっていないが、前期後半の甕棺墓が「志波屋四の坪地区」の南部で二基みつかっている。これが吉野ヶ里遺跡では現段階で確実な最古の墳墓ということになる。また「吉野ヶ里地区Ⅲ区」にある前期後半の集落跡の東に接する墓地からは、前期末の甕棺墓とともに前期に属すると考えられる木棺墓や土壙墓もみつかっている。

図18 ● さまざまな大きさの甕棺
埋葬に用いられた甕や壺形土器。乳幼児用の小型のものから成人用の大型のものまで多種多様である。

周辺の小規模な集落

さて、この環壕集落が営まれていた前期後半のころ、西南西一五〇メートルの「田手二本黒木地区」や、北北西四〇〇メートルの「吉野ヶ里地区Ⅲ区」、北九〇〇メートルの「志波屋四の坪地区」の丘陵上などでも集落が営まれていた（**図13参照**）。

これらの集落は竪穴住居跡や貯蔵穴跡が数基確認されたのみで全体像は不明だが、北北西八〇〇メートルの「志波屋三の坪乙地区」では、独立丘陵上で一二基の竪穴住居と二〇基程度の貯蔵穴跡からなる小規模な集落跡がほぼ完全に姿をあらわした。

さらに周辺をみると、北東約四キロの切通《きりどおし》川流域でも集落が営まれ、前期末ごろに竪穴住居が増加し、甕棺墓も営まれはじめる。また、神埼市南部の旧千代田町域の平野部微高地に貝塚をともなう集落が出現するなど、水田域が南へ拡大したことがうかがえる。北北東約二キロにある吉野ヶ里町の瀬ノ尾《せのお》遺跡や、その北方約〇・五キロの松原《まつばら》遺跡では小規模な環壕集落が営まれるなど、河川や丘陵で隔てられた区域ごとに集落のまとまりができつつあったことがわかる。

弥生時代前期は、吉野ヶ里では本格的環壕集落が登場し、青銅器の鋳造、甕棺墓の開始など、弥生時代的な集落の様相を整えてきたことが理解できる。周辺の河川流域各所に形成された集落群とくらべても、規模、内容ともに抜きん出ており、以後、地域社会のなかで中核となる集落へと発展していくのである。

第３章　佐賀平野の中核集落へ

1　二〇ヘクタール超の環壕集落

大型化する環壕集落

弥生時代中期（紀元前二世紀〜紀元後一世紀はじめ）になると、丘陵の南部にあった前期初頭の集落や前期後半の環壕集落をとり込むように環壕集落が大型化し、面積が二〇ヘクタールを超える環壕集落が成立したと考えられる（図19）。

環壕がみつかったのは前期後半の環壕集落跡のすぐ北側、ちょうど丘陵のくびれにあたるところで、南にのびた丘陵を東西に切断するようにめぐっていた。約三〇メートルの区間を確認したが、断面は底が平らな逆台形で、幅五メートル（底幅は一・五メートル）、深さは二・一メートルもある。丘陵西方の水田下で発掘された壕跡は、これに連続するものだろう。

環壕の内側は、前期後半の環壕集落の跡地を中心に円形の竪穴住居跡とその周囲に貯蔵穴跡が多数広がる点では一般的な弥生集落と同じだが、それ以外に特徴的な遺構もみつかっている。

西側のゆるやかな斜面には多くの貯蔵穴が円を描くようにならび、それが数カ所確認できる。個々の竪穴住居に付属する貯蔵穴とは別に、集落全体の物資を貯蔵した倉庫群の可能性がある。この貯蔵穴群は、中期後半（前一世紀）になるとさらに西側の丘陵裾へと場所を変え、高床式の建物へと変化したとみている。物資運搬に水運利用が増えたために、丘陵の西側を流れる河川に近い位置に倉庫を設けたのだろう。その後、西の丘陵裾には、後期に「クニの倉」ともいうべき大規模な高床倉庫群が設けられるが、中期の貯蔵穴群・高床式の建物はその先駆けと考えられる。

環壕内の南西部では、幅約六メートルの溝状の大型土坑から銅剣や銅矛の鋳型や鉱滓、錫塊

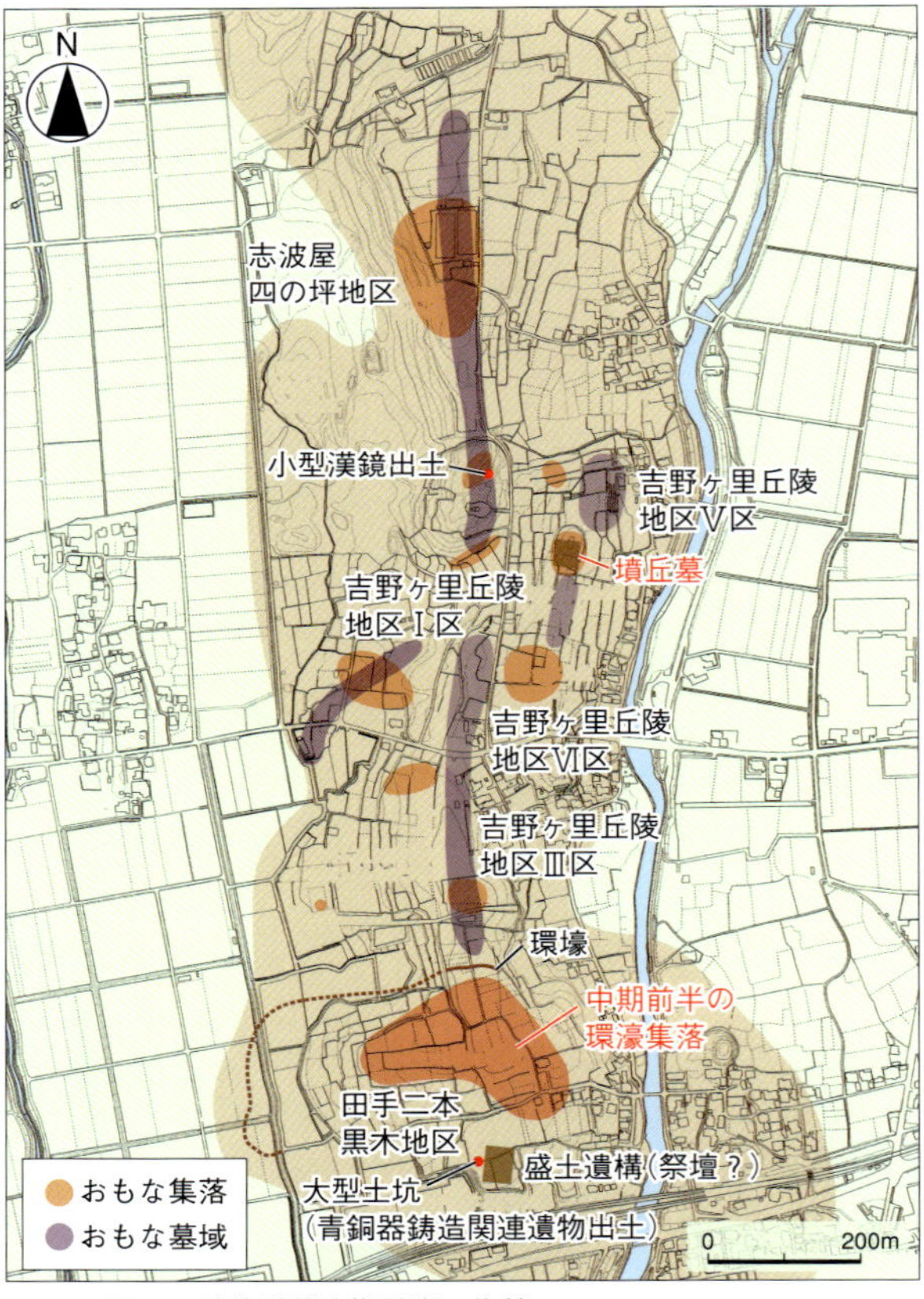

図19 ● 弥生時代中期前半の集落
前期の環壕集落を含んだ南部一帯の拠点区域が広がり、その北方で甕棺墓の列状埋葬が営まれるようになる。

などが出土し、青銅器製作工房そのものではないにしろ近くに工房があることがわかった。また環壕内の南部には、南北約四八メートル、東西四五メートル、残存高二・八メートルと大規模な盛土遺構がみつかっている。さまざまな貝殻や動物骨が入った壺形土器が出土したことなどから祭壇遺構と考えられる。今後、詳細な発掘調査がつよく望まれる遺構のひとつである。

集中する集落

環壕集落以外に丘陵の各所にも新たな集落が形成される。環壕集落の北約九〇〇メートルの丘陵上「志波屋四の坪地区」の集落は比較的大きい。中期後半になると、環壕集落から北方の集落があった場所は甕棺を主体とする墓地として利用されるようになり、集落は環壕集落の内部やその近辺に集中する。竪穴住居跡の発掘数は極端に減少するが、甕棺墓に減少傾向はみられず人口減少の結果ではなく、一時期、遺構として残りにくい構造、たとえば竪穴が浅くなったとか、平地式のものに変化した可能性も考える必要がある。中期後半には、竪穴住居は楕円形から隅丸長方形へと変化し、倉も地下式の貯蔵穴から高床式のものがあらわれる。

石器は、これまでに二万八〇〇〇点以上が出土しているが、中期はじめから前半にかけての時期が利用の最盛期で、終末期まで一部

図20 ● 弥生時代中期前半の遺構から出土した鉄製品
青銅器鋳造に関係した穴から、青銅の輪がついた鉄刀子と鋳造鉄斧の一部を再利用したノミが、甕棺墓からは蝶番が出土した。

利用されるものの、しだいに鉄器へと変化したと考えられる。前期と同様に縄文系の打製石器と大陸系磨製石器が用いられていたが、磨製石器の大半は製品としてもち込まれたものである（図16参照）。産地は福岡市今山産の大型伐採斧や、飯塚市立岩や北九州市遠賀川《おんがかわ》下流域産の石包丁のほか、対馬産の石包丁や石鎌、片刃石斧などの磨製石器が多く出土している。打製石器の石材は、前期と同じくおもに佐賀県内の伊万里市腰岳《こしだけ》の黒曜石と多久《たく》市鬼の鼻山産の安山岩であった（図2参照）。

また、石器全盛期であった中期前半の青銅器関連遺構からは、鉄刀子（青銅の環のついた小刀で、中国では竹簡・木簡を削る文房具）や壊れた鋳造鉄斧の破片を加工したノミといった鉄製品が出土している（図20）。中期前半の甕棺墓から出土した鉄の蝶番《ちょうつがい》は、中期前半代での鉄器の流入と利用を示しているが、これらが類例まれな特別な中国文物であることは注目される。

保存状況のよい丘陵西側の水田となっていた低地からは、農具や工具の柄、容器、武器形のもの、柱やはしご・ネズミ返しなどの建築部材など多くの木製品が出土した（図52参照）。大半は後期のものであったが、中期のものとして船形木製品が注目される（図21）。長さ五〇センチほどで、半構造船を模したと考えられる大きく反った船体には櫂座が表現されており、鳥取

図21 ● 船形木製品の出土状況
弥生時代中期の溝跡から大きく反りのある船形の木製品が出土した。側面には櫂座と考えられるくぼみが多数ついている。

県米子市の稲吉角田《いなよしすみた》遺跡から出土した後期の壺形土器に描かれた「鳥人が漕ぐゴンドラ形の船」の形に似ている。

2　青銅器生産工房

青銅器鋳型の発見

中期の集落では、先にふれた大型土坑の内部から、中期前半の土器群（**図22**）とともに、多量の木炭らしい炭化物や灰・焼土にまじって、両面に銅矛の型を彫り込んだ鋳型片と、一面に細形銅矛と他の三面に細形銅剣の型を彫り込んだ鋳型片（**図23**）や、純度の高い錫片、錫分の多い青銅片、鉱滓、焼け締まった土塊などが出土した。青銅器生産と関わりの深い遺構と考えられる。また周辺からは銅矛の中子も出土するなど、一帯が青銅器生産工房であった可能性が強い。

この大型土坑からは、イノシシ類の骨が入った壺形土器を含む中期前半の土器や翡翠の勾玉、碧玉製の管玉二点、ガラスの小玉二点と先に紹介した鉄刀子やノミなどが出土している。工房を廃棄する際の祭祀行為をうかがわせている。

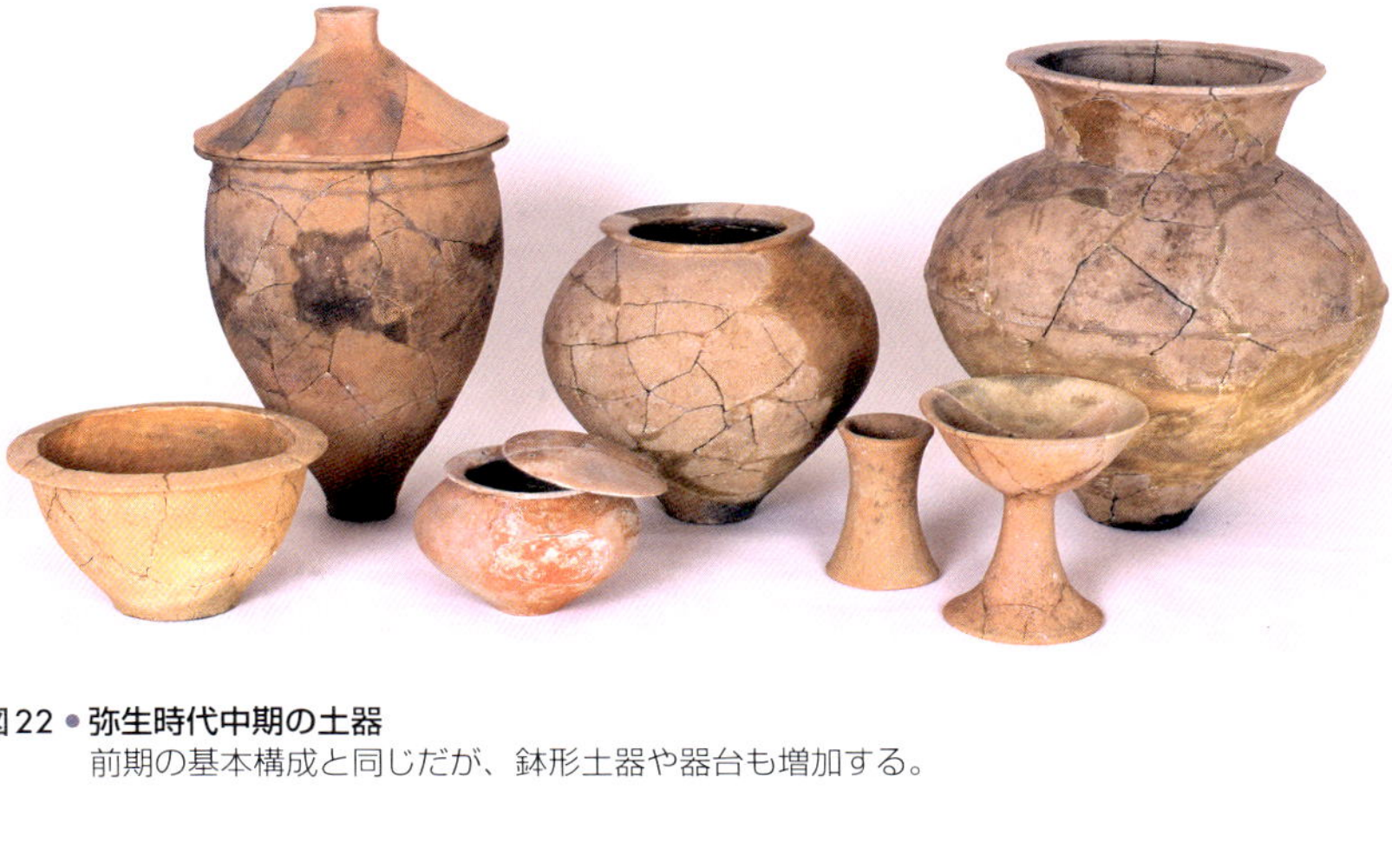

図22 ● 弥生時代中期の土器
前期の基本構成と同じだが、鉢形土器や器台も増加する。

初期青銅器生産の主導的地域

結局、吉野ヶ里遺跡で中期の青銅器鋳型は合計五点出土している。一個の鋳型の両面あるいは四面に型が彫り込まれたものがあるので、合計すると銅剣七・銅矛三・棒状青銅器一の計一一種類の製品ができることになる。

このうち銅矛鋳型二点は、いずれも基部に三条の突線がつく古式もので、その形をした細形銅矛の製品は福岡市の板付田端遺跡で出土しており、ほかの細形の銅矛・銅剣・銅戈も、おもに玄界灘沿岸の弥生時代中期初頭から中期中ころにかけての地域の首長を埋葬したと考えられる甕棺墓などから出土している。

佐賀地方では、吉野ヶ里遺跡周辺以外にも、小城市の土生《はぶ》遺跡や佐賀市の惣座《そうざ》遺跡・鍋島《なべしま》本村南《ほんそんみなみ》遺跡、鳥栖市の平原《ひらばる》遺跡・大久保遺跡などから銅剣・銅矛・銅戈などの鋳型が出土し、さらに鳥栖市の安永田《やすながた》遺跡からは銅鐸の鋳型などがみつかっている（**図2参照**）。つまり、一集落が独占して青銅器を生産していたのではなく、佐賀の複数の主要集落が初期青銅器生産の主導的役割を果たしたといえる。なお、中期後半以降になると、福岡県春日市の須玖《すぐ》遺跡が一大産地となっていく。

図23 ● 青銅器の鋳型
弥生時代中期前半の銅矛や銅剣を鋳出した鋳型。左上の鋳型は表裏に銅矛、下の鋳型には1面に銅矛、他の3面に銅剣の型が彫り込まれている。

3　甕棺墓列とその埋葬者

甕棺墓列

弥生時代中期前半になると、それまで分散してあった甕棺墓を主体とする墓地が、列状の大規模な墓地にまとめられる。おもに前期・中期の環壕集落の北方の丘陵尾根に広範囲に営まれるが、もっとも大規模な墓地は環壕集落の北方五四〇メートルからはじまり北へ六〇〇メートル続く長大な墓地である（図24）。全体で約一三〇〇基の甕棺墓が確認されており、最北端の一〇〇メートルの範囲では、地下レーダー探査によって完全な状態の多数の甕棺墓が埋まったままであることが判明している。

血縁集団と階層差

吉野ヶ里丘陵の各所でみつかった甕棺墓地は、いずれも数百の墳墓からなる墓地であるが、くわしくみると列は二〇～四〇メートル前後の間隔で区切りがあることがわかる。おそらくこの一区間が一つの家族（血縁集団）の墓域と考えられる。つまり、いくつかの家族の墓地が集まって大規模な墓地になったのだ。

そして、大規模な墓地でも小規模な墓地でも、周辺に墓地を拡大するのに十分な土地があるにもかかわらず、墓域をあまり拡大せず累々と埋葬している。墓域にかなり強力な社会規制（秩序）が働いていたと考えることができる。

また、それぞれの墓群のなかには、際立って大きな甕棺やほかの墓より広い墓域をもつもの、周囲を溝や祭祀土坑によってかこんだもの、土饅頭ではなく小規模な墳丘（盛土）をもっていた可能性のあるもの、墓域の中心に位置するものなど特別なものがある。

こうした墓は一般階層の人びとより高階層な人を葬ったと考えられる。一般の集落構成員のなかに階層差が生まれはじめていることを示しているといえよう。これらの墳墓には銅剣や鉄製品、南海（沖縄・奄美）産の貝殻製腕輪などを副葬してあることも、階層や身分の差を物語っている。

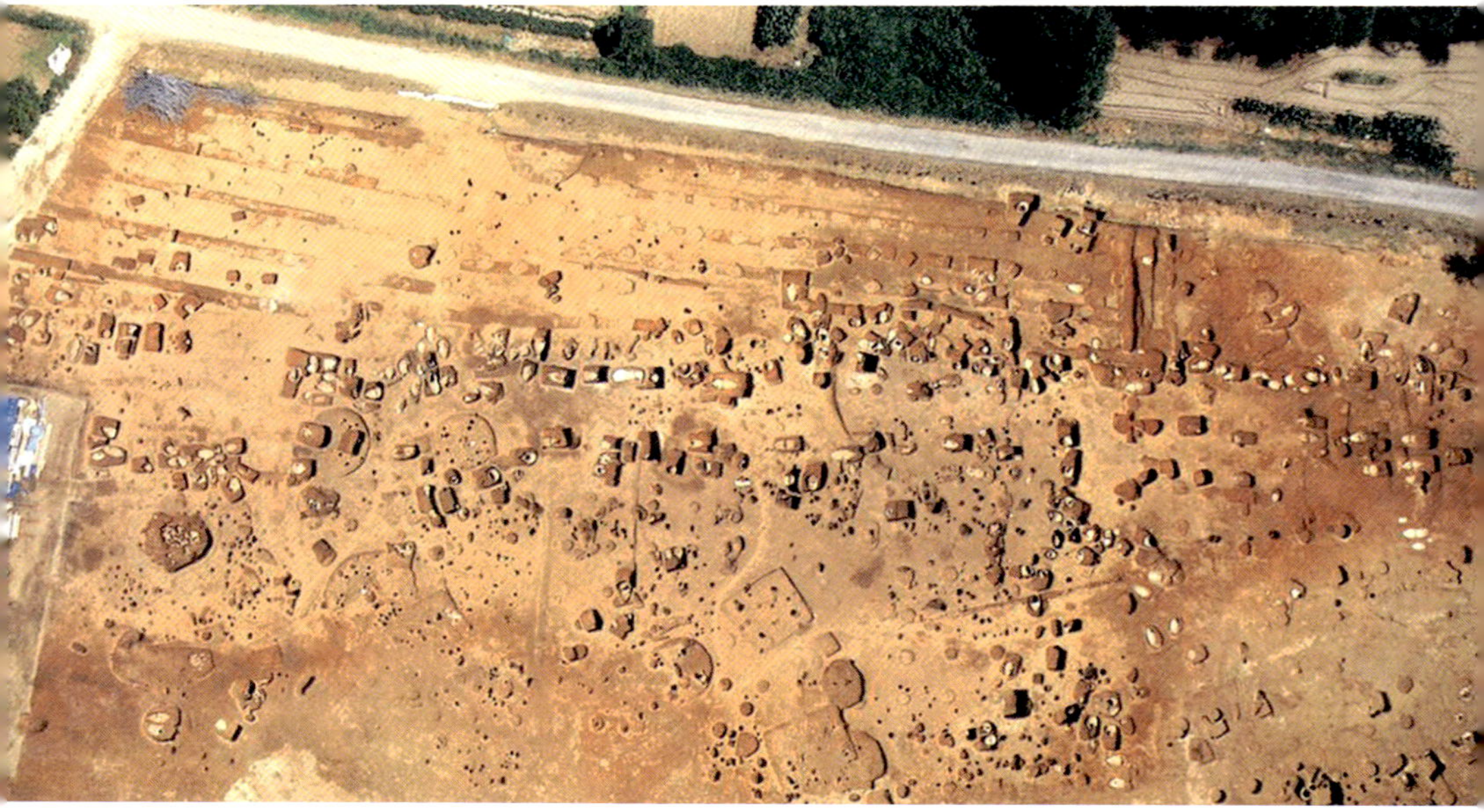

図24 ● 長大な甕棺墓列

吉野ヶ里遺跡では丘陵尾根に沿った墓道の両側に甕棺墓群が営まれる。20ｍから30ｍの範囲が一つの家族の墓域と考えられる。

27）や頭骨のないもの（図28）、刀傷が存在するもの、大腿骨が折れたものなどがある。また人骨は残っていないものの、棺内から石鏃や石剣の先端部のみが出土した例もいくつかあり、大半は戦いの犠牲者と考えられる。

佐賀・福岡地方では、このような犠牲者と思われる人骨が数多く出土しているが、とくに中期の前半代に多い。佐賀では吉野ヶ里遺跡周辺で多くみられ、三津永田遺跡では鉄鏃が刺さった後期の人骨も発掘されている。弥生時代後期に集団戦争がおこなわれたことは、「倭人伝」の「倭国大乱」の記事や防御施設で守られた環壕集落の増加などからみて明らかだ。

4　墳丘墓と首長層

墳丘墓の造成

吉野ヶ里遺跡の保存への動きを決定的にした墳丘墓は、列状をなす一般の墓地群とは隔たった丘陵の北側に、南北四〇メートル、東西三〇メートル弱、

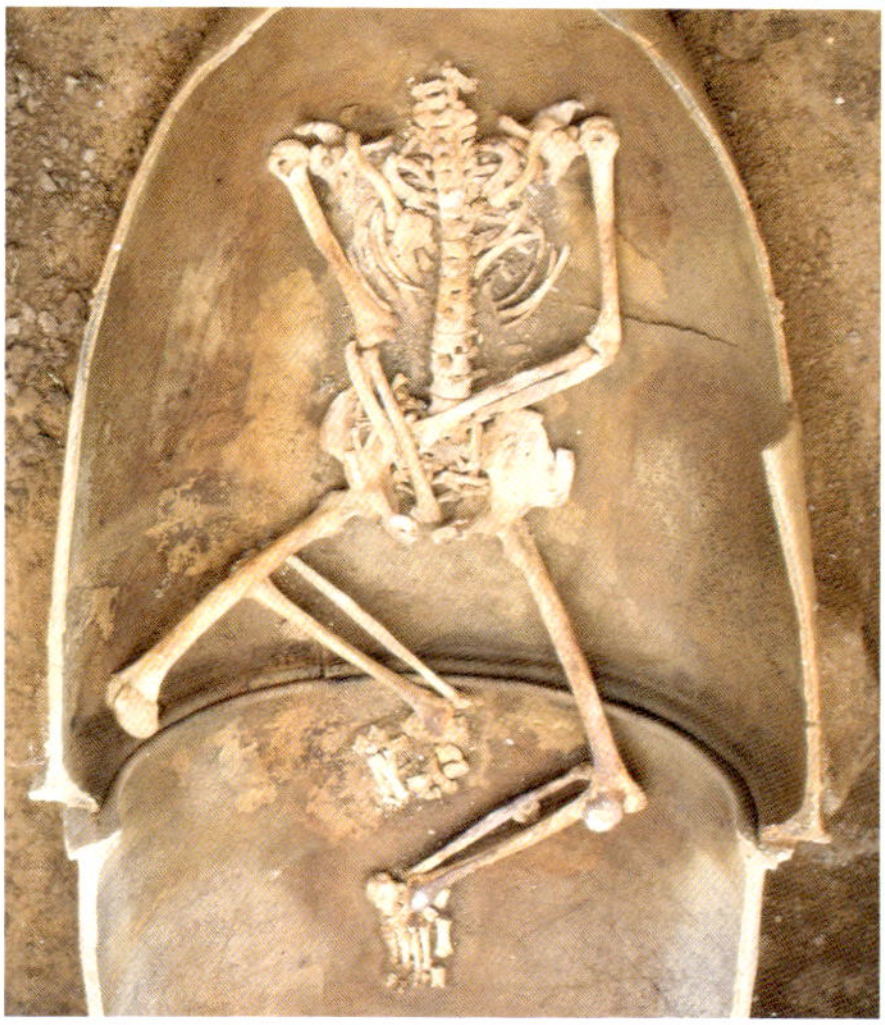

図28●頭骨のない人骨
手足の指骨まで残るが頭骨は破片すらなく、持ち去られたと考えられる。右の前腕と鎖骨の内側に武器による傷跡がある。

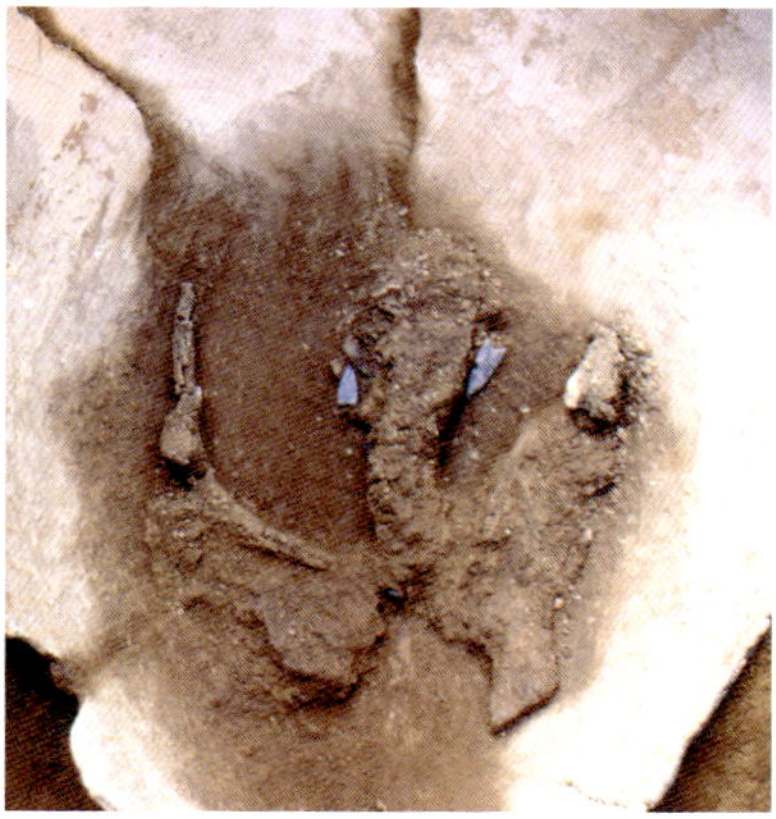

図27●腹部に矢を射込まれた人骨
腹部の狭い範囲に打製、磨製のさまざまな形の石鏃やサメの牙製の鏃が射込まれていた。

当初の墳丘の高さ推定四・五メートルの規模で、中期前半に築造された。墳丘上の平らな長方形の範囲内に甕棺墓が一四基みつかっている（図29・31）。

墳丘の断面をみると、細かな土層を積み重ねたいくつもの小山状の盛土と、そのあいだを水平に盛った土層が観察できる（図30）。墳丘の崩壊を防ぐための工法と推定できる。盛土に用いた土は、墳丘墓のすぐ東と北でみつかった大規模な土坑から掘りあげた土だと考えられる。墳丘墓の東に接する土坑には、墳丘墓の祭祀に使った土器などを中期中ごろ以降、後期後半までの約三〇〇年間にわたって廃棄しつづけていた。

墳丘墓のすぐ南には、環壕集落までのあいだに長さ約一〇〇メートルの列状の前期末から中期中ごろまでの甕棺からなる墓地が存在し、北には土壙墓を中心に直径一二メートルの円弧状に中期の中・小型の甕棺が埋葬された墓地が、北東には列ではなく丸い範囲に前期末から中期にかけての甕棺墓が密集した墓地がある。いずれも墳丘墓からは約二〇メートルの間隔を保っ

図29 ● 姿をあらわした墳丘墓
城（じょう）とよばれていた畑の丘を発掘したら、弥生時代の巨大な墳丘墓があらわれ、その上から14基の甕棺墓がみつかった。

ている。なお、北東の丸い墓地のほぼ中央に位置する甕棺墓二基からは、縫い合わせた布を含む絹布片（図25参照）が発見された。一般の墓ではないだろう。

甕棺の特徴と副葬品

発掘調査の結果、墳丘墓に最初に埋葬されたのは墳丘の中心にある甕棺墓（一〇〇六号）であることがわかった（図31）。その後、中期中ごろのあいだに南からほぼ逆時計まわりに合計一三基の甕棺墓が営まれつづけたことが、甕棺に使用された甕の編年から判明している。埋葬の期間は一〇〇年に満たないだろう。

古い甕棺は水平に埋められ、新しいものはやや斜めに埋めてあったが、これは一般の墓地でも同様である。しかし、おもに遺体を納める側の甕棺の大きさは、一般墓地では高さ一メートルに満たないのに対し、墳丘墓の甕棺は平均一・二二メートル以上あり、もっとも大きいのは一・三九メートルもあった。

墳丘墓の甕棺墓は後世に破壊されていたものが大半だったが、うち八基の甕棺墓から細形銅剣が七点（うち二点には青銅製把頭《はとう》飾《かざ》りをともなう）と中細形銅剣が一点出土した（図32）。青銅製の柄や把頭飾りと一体につくられた把頭飾付き有柄銅剣が出土した甕棺からはガラス管玉七九点も出土した（図8参照）。また、墳

図30● 墳丘墓の土層
墳丘墓は、東と北の土取り場からの各種の土を盛り上げてつくられている。小山をたくさんつくりながら全体を盛り上げたようだ。

丘の表土のなかから石製の把頭飾りもみつかったが、いずれかの銅剣に付けられていた可能性もある。墳丘墓の近辺から以前に表面採集されていた細形銅剣一点を含めると、これまでに墳丘墓からは九点の銅剣が出土したことになる。開墾の際にも出土したとの言い伝えもある。

墳丘墓の甕棺には、大きさ以外にもいくつかの特徴がある。まず、すべての甕棺が内外面を塗料で黒く塗っていたことである。分析では塗料の原料が炭素だということしかわかっていないが、漆の可能性もある。一般墓地でもたまに黒塗りの甕棺がみつかり、そうした甕棺には副葬品をともなうものもあり、特別な扱いをされた人物を想像させる。また、墳丘墓のすべての甕棺の内側に朱（水銀朱）が塗られていた。朱は当時非常に貴重なものであったが、それをふんだんに使っているのである。

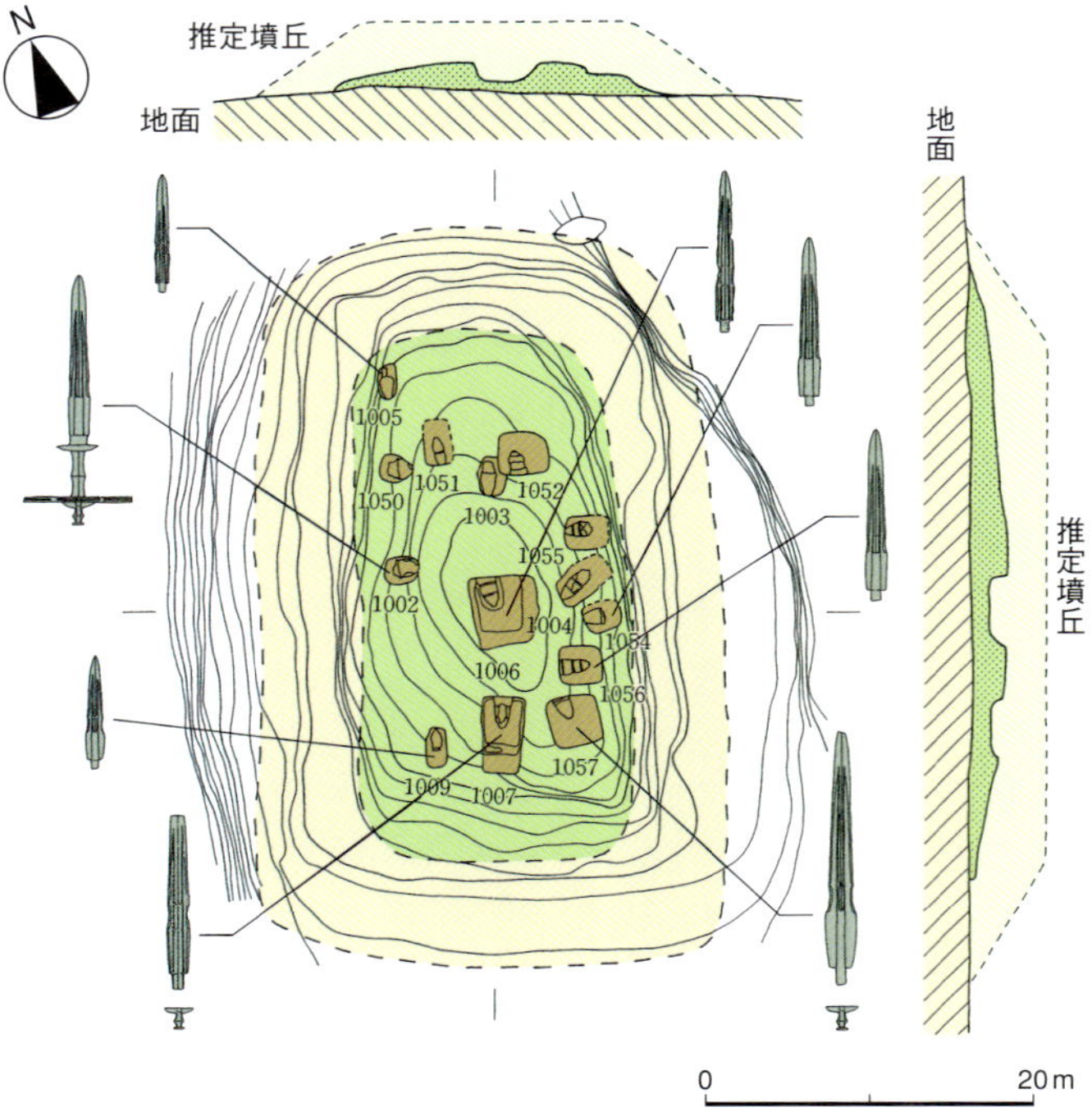

図31 ● 墳丘墓と出土銅剣
隅の丸い長方形をなすと推定される墳丘墓から14基の甕棺墓が発掘され、うち8基から銅剣が出土した。

埋葬されたのは神埼地方全体の盟主か

このように墳丘墓の甕棺はすべて大型の成人用で、銅剣を副葬したものが多いことから、墳丘墓は家族墓ではなく身分の高い男性だけを埋葬した可能性が高い。

吉野ヶ里遺跡の周辺、神埼地方の弥生時代中期の墓地で青銅器（銅剣のみ）を副葬した墳墓には、吉野ヶ里遺跡南端「田手一本黒木地区Ⅰ区」にある中期初頭の甕棺墓や、南約三・五キロの神埼市千代田町の高志《たかし》神社遺跡、東方約二キロの吉野ヶ里町の瓢簞塚《ひょうたんづか》古墳下、東北東約三・五キロの上峰町にある切通《きりとおし》遺跡の中期前半の甕棺墓などがある（図33）。中期になると、吉野ヶ里の丘陵の西と東を流れる城原《じょうばる》川や田手川、切通川の中下流域で、後に「吉野ヶ里のクニ」にまとまる以前のそれぞれの地域ごとに首長が生まれていたことを示している。

しかし、吉野ヶ里の丘に墳丘墓が造営されると、周辺集落の墓地から銅剣などを副葬した墓はなくなり、現在のところ、吉野ヶ里遺跡の墳丘墓にだけ銅製利器を副葬した墳墓がつくられる。巨大な墳丘墓の上に、大型かつ黒塗りの

図32 ● 墳丘墓から出土した銅剣
有柄式のものを含む細形銅剣と中細形銅剣のほか、2個の把飾りが出土した。
先端が欠けたものや研ぎ直して小さくなったものもある。

特別仕立ての甕棺を用意し、高い身分を示す銅剣を添えて埋葬された人物は、吉野ヶ里集落だけの首長ではなく、吉野ヶ里のクニともいえる神埼地方全体の盟主といえるであろう。

銅剣の副葬から銅鏡の副葬へ

吉野ヶ里の墳丘墓からは、銅剣が出土したが銅鏡は出土していない。墳丘墓で埋葬が営まれた期間後の中期後半になってはじめて、九州北部で中国製銅鏡（漢鏡）の副葬がはじまるからである。開墾中に小型の銅鏡が出土したという言い伝えもあるが、本当だとしたら、朝鮮半島産の多鈕細文鏡《たちゅうさいもんきょう》であった可能性がある。

中期後半になると、九州北部の福岡・糸島・唐津地方などの玄界灘沿岸地域と、遠賀川上流の飯塚地方、そして有明海北岸の佐賀平野を中心に、甕棺墓の副葬品として漢鏡が出土する。

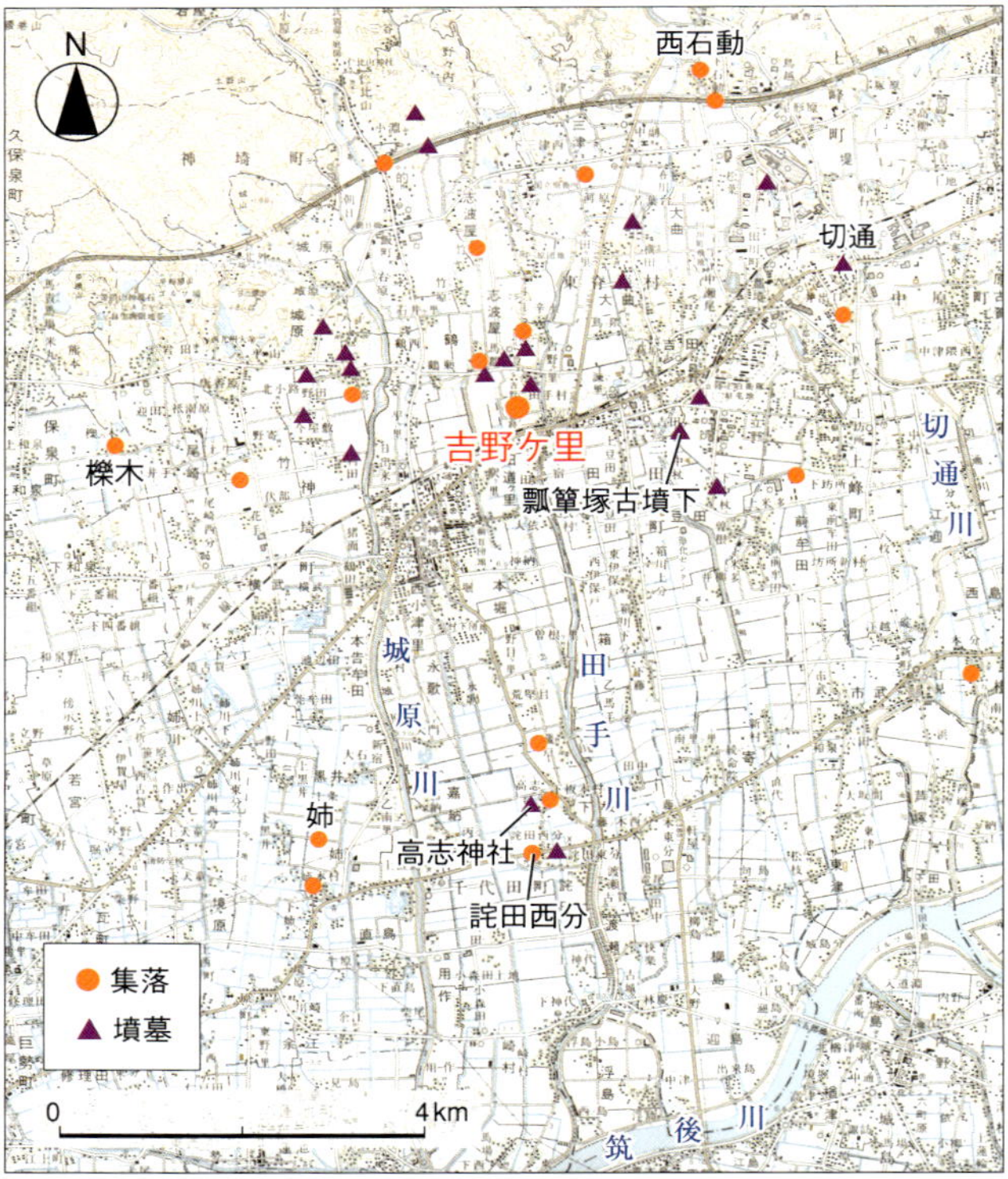

図33 ● 吉野ヶ里のクニの集落分布
中期になると南部の平野部に集落域が拡大し、各地に銅剣を副葬した首長墓と考えられる墳墓や、青銅器をつくるムラがあらわれる。

これは『漢書』地理志が記すように、前漢の武帝が紀元前一〇八年に現在の北朝鮮平壌一帯に設置した楽浪郡《らくろうぐん》への倭人の朝貢によってもたらされたものである。倭人がアジアの大国である漢帝国を意識しはじめたことを示している。

外交の下賜品とも考えられる大型（径二〇センチ以上）・中型（径一六センチ前後）の鏡は春日市の須玖《すぐ》岡本《おかもと》遺跡や糸島市の三雲南小路遺跡、飯塚市の立岩遺跡から、一つの甕棺墓からそれぞれ三〇面、三一面以上、六面が出土しており、これらの墳墓はしばしば王墓とよばれる。しかし、佐賀平野の吉野ヶ里遺跡周辺では、二塚山遺跡の中期後半の甕棺から出土した中型の漢鏡一面（連《れん》弧文鏡《こもんきょう》）のみである。小型（径一〇センチ以下）の漢鏡は二塚山遺跡を含め数カ所の墓地で、一つの墓からそれぞれ一面しか出土していない。

吉野ヶ里遺跡では、環壕集落の北方六五〇メートル、墳丘墓の北西約一五〇メートルの中期後半の甕棺墓から小型の漢鏡が出土している（図34）。漢鏡には「久不相見、長毋相忘」（久しくあいまみえず、長くあい忘ることなからん）という銘文

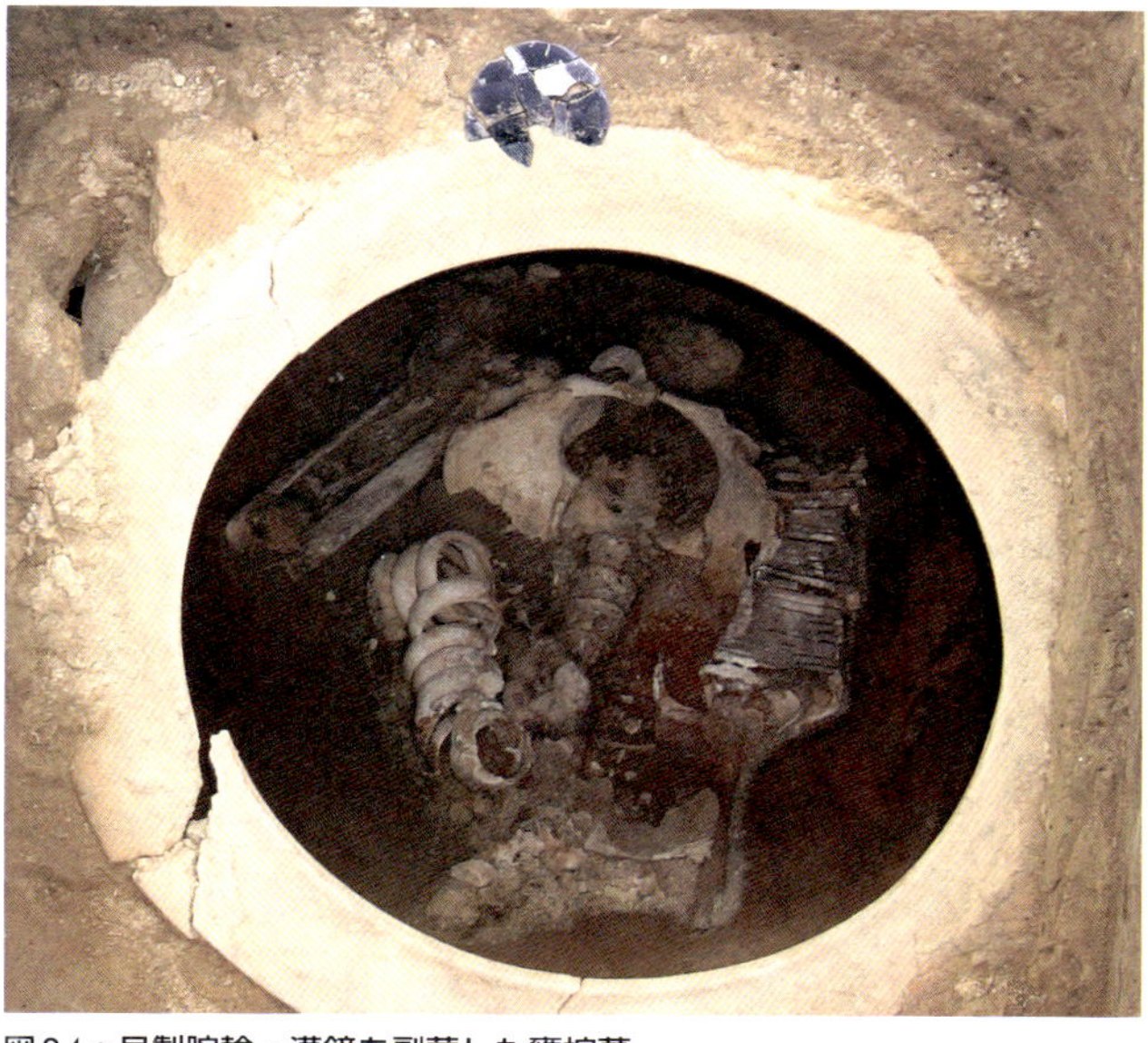

図34 ● 貝製腕輪・漢鏡を副葬した甕棺墓
石の蓋を開けると、甕棺の口とのあいだに銅鏡が置かれ、内部にはイモガイ製の腕輪を両手に36個着けた女性の人骨が残っていた。

が鋳出されている。出土した人骨は女性で、左右の前腕骨には、左腕に一一個、右腕に二五個の南海産貝殻（沖縄・奄美地方産のイモガイ）製の腕輪を装着していた。また、腕輪の周辺からは絹の布片もみつかっている。こうした副葬品をもつ女性は司祭者と考えることができる。

中期吉野ヶ里集落の性格

弥生時代中期になると、吉野ヶ里遺跡周辺、神埼地方では、山麓部や丘陵上、あるいは南部の平野部微高地で集落の数が増加する（図33）。なかでも南部の詫田西分《たくたにしぶん》遺跡では大規模な集落が営まれ、姉《あね》遺跡では中細形の銅矛や銅剣の鋳型が出土し、高志神社遺跡の甕棺墓からは銅剣や鏃が突き刺さった人骨もみつかっている。

この人物は、銅剣が副葬されていることから中期前半の小地域の首長と考えられる。同じように銅剣を副葬した人物は、先に紹介したように吉野ヶ里町の瓢箪塚古墳下や上峰町の切通遺跡などの中期前半の甕棺墓からみつかっている。吉野ヶ里遺跡の北北東約四キロの西石動《にしいしなり》遺跡や西約四・五キロにある佐賀市の櫟木《いちのき》遺跡では、中細形の銅戈の鋳型が発見されるなど、一帯が中期中ごろまで青銅器の産地であったことを示している。

弥生時代中期の吉野ヶ里集落は、墓地にくらべ集落に関する遺構の数が少なく、とくに竪穴住居跡が中期前半以降に激減している。しかし、環壕をともなうと考えられる二〇ヘクタール超規模の集落の形成や甕棺墓の激増、墳丘墓の造営などの現象をみれば、中期においても、吉野ヶ里集落は地域の拠点的な集落であったことはまちがいない。

第4章　クニの大規模集落へ

1　四〇ヘクタール超の大規模環壕集落

長大な外環壕

弥生時代後期（一世紀〜二世紀）になると、環壕集落は、前期・中期の環壕集落や北の墳丘墓をとりかこむ環壕（外環壕）が掘削され、南北約一キロ、東西約〇・六キロ、広さ四〇ヘクタール超の大規模環壕集落へと発展する。そして後期後半から終末期（二世紀〜三世紀前半）にかけて、その内部にさまざまな施設がつくられる（図35）。

外環壕は、墳丘墓周辺から南へ、ＪＲ長崎本線のすぐ北までの一・一キロあまりの区間を確認している。幅、深さともに前期、中期の環壕よりも大規模で、もっとも残りがよいところで幅六・五メートル、深さ三・三メートルもある。断面はＶ字形で、さらに底をまっすぐに掘り込み、全体で前期後半の環壕と同じＹ字形になっている（図５・14参照）。発掘調査では十数人が金属製スコップで発掘しても一日にせいぜい一〜二メートル進めばよいほうだった。多くの労働力を動員することができる首長が存在しなければ造成できなかっただろう。

この外環壕は後期中ごろ以降に数回、部分的に断面を逆台形に掘りなおしている。南部の水田となっていた低地で、幅五メートル程度の逆台形の壕がみつかっているが、丘陵をめぐる環壕に連なるものである。木製品や木材が多数出土することなどから、水をたたえていたと推定される。掘削された時期は、南部から中部については後期前半のものと判明しているが、北部で一部後期前半とされる甕棺墓を壊していることなどから、後期後半以降に掘られたのではないかとの指摘もある。しかし、大規模な造成が途中で止まったとは考えがたく、やはり後期前半のうちには完成したと考えるのが自然だろう。

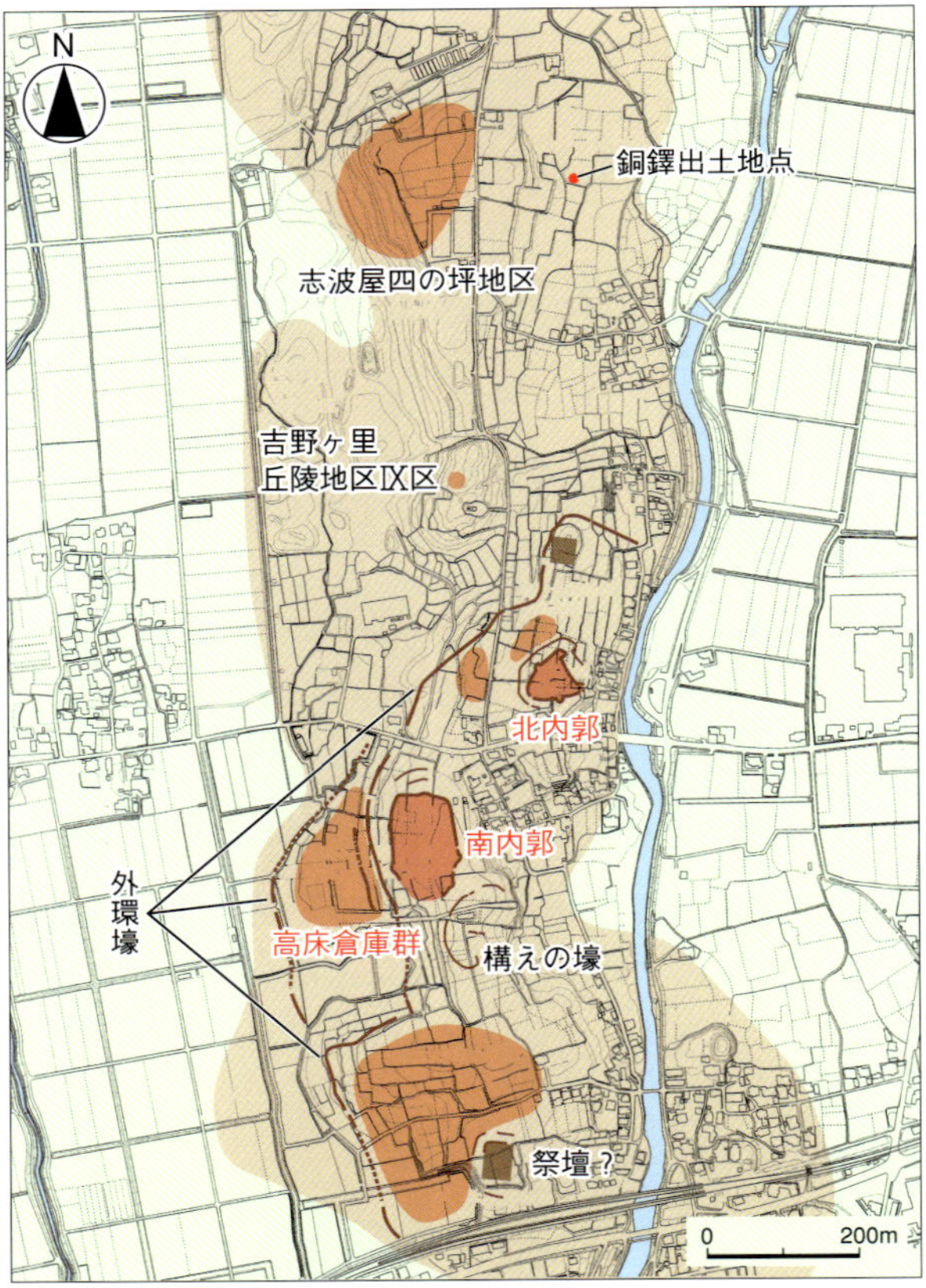

図35 ● 弥生時代終末期の集落
前期、中期の集落拠点を含み、さらに中期の墳丘墓の区域までとり込んだ区域全体に環壕をめぐらせ、40ha超の大集落へと発展した。

環壕内の建物

環壕の内部では、竪穴住居跡や掘立柱建物跡が多数みつかっている。竪穴住居跡は四方の角が丸くなる隅丸長方形で、しだいに長方形へと変化している。中央に炉を設け、その両側の二本の柱で屋根を支える構造で、短辺側の片側あるいは両側に一段高いベッド状施設を付設するものが多い（図36）。なかには長辺側へＬ字形に延長したものもある。終末期には、正方形に近く四本柱をもつ竪穴住居もあらわれ、古墳時代の住居へと移行する時期の特徴を示している。

掘立柱建物跡は高床倉庫と考えられるものが多いが、ほかに高床式の祭殿や物見櫓と考えられる大型のもの、また高床式の住居や、地上に床を設けない平地式の共同炊事場と考えられるものもある。

二つの内郭ができる

さて、こうした環壕内の施設が後期前半（一世紀〜二世紀）に成立するが、後期後半になると、環壕内に環壕（内壕）でかこまれた二つの区域ができる。中部の区域を「南内郭」、北部の区域を「北内郭」とよんでいる（図35）。

図36 ● 弥生時代後期の竪穴住居跡
後期になると長方形となり、中央の炉の両側に２個の柱穴が設けられ、壁際には寝起きの場と考えられるベッドがつくものが多い。

内壕は断面が逆台形をしていて、幅一・五メートル～二・五メートル前後、残存する深さは〇・七～一・二メートル前後と、外環壕にくらべると小規模である。北内郭は当初から二重の環壕によって区画されていたと考えられる。

内壕に埋まっていた土の断面調査から、壕を掘った際に土を外側に盛り上げ、土塁を築いていたらしいことが推定されている。土塁は、中国式には「城」の字をあてるが、その上に柵を並べたら「城柵」になる。防御という点では堀の内側に土塁を築くのが有効であるという意見もあるが、外環壕も外側に土塁を設けていたようであり、この外側の土塁は、防御とともに重要施設の区画や結界としての役割をもっていたといえよう。

2　南内郭は有力者の居住域か

大型住居と長大な建物

南内郭の一帯は、弥生時代前期末ごろから中期前半にかけて集落域として利用され、東部は中期前半から中期後半まで甕棺墓を主体とする墓域であった場所で、後期になって外環壕が掘削されるや集落域として再利用されることになる（図37）。

環壕でかこまれた規模は、古段階で南北一四〇メートル以上、東西約七〇メートル、面積〇・八ヘクタール前後と考えられる。新段階になると隅丸長方形に近い平面形に掘りなおされ、南北一四〇メートル以上、東西約九〇メートル、面積約一・一ヘクタール前後と多少拡大する。

南北軸を中心に左右対称に整えられている。

南内郭は後世の畑作により中央の尾根部分が削られていたため、遺構は中央の空白地をはさんで東西に分かれて存在する。竪穴住居跡は五〇基前後が発掘され、全体が残っていた住居跡は少ないが、平均値は長辺五メートル前後、短辺四メートル前後と特別に大型のものはない。

それでも西側の北には、溝と柵で東側と南側を仕切った区域にいくつかの竪穴住居跡が重複して存在し、後期前半とされる竪穴住居跡は六・四二×四・五八メートルとやや大型である。後期後半とされる竪穴住居跡もほぼ同規模ではないかと推定される。この住居跡からは饗宴に用いたとも考えられる坏状の小型土器が一〇点ほど出土している。これらの建物は、あるいは吉野ヶ里の首長の居宅であった可能性もある。

掘立柱建物跡としては、大小の平地式と考えられる建物跡と物見櫓跡がある。建物跡の小規模なものは一間×二間で、あるいは共同炊事場と考えられることは

図37 ● 南内郭跡
南内郭を画する環壕は、弥生時代後期後半から終末期にかけていびつな形から長方形になるが、それぞれの環壕には突出部をもつ。

先に述べたが、柱径は小さいものの平面規模が大きいものとして北東部に三間×五間規模の建物跡があり、集会所的な機能も推定される。

物見櫓跡と柵

南内郭の物見櫓跡は、古段階のものとしては、西壕の南に位置する一間×二間の一基が確実である。規模は五・二メートル×七・七五メートルである。西壕の中央北寄りの弱い突出部の内側にも一間×二間の物見櫓が、東壕の南端に位置する大きな突出部にも存在した可能性がある。

新段階になると、北壕中央に位置する一基、西壕南寄りに位置する二基と、東壕南寄りの正門の北と南に存在する一基の計四基になる（図38）。すべて一間×二間である。正門南の物見櫓跡は後の遺構で破壊されていたため規模は不明だが、正門北のものが三・四メートル×五・二メートルであった。北壕中央のものと西壕南寄りのものは、いずれも突出部内側ではなくやや手前の、外に向かって左側に寄せて建てられていた。前者が四・五メートル×六・四メート

図38 ● 復元された南内郭
環壕と土塁、柵によってかこまれた内部に竪穴住居10軒、平地式掘立柱建物（煮炊屋、集会場）3棟、物見櫓4基などが再現されている。

ル、後者が三・四メートル×五・四メートルであった。

南内郭の南西には、約二〇メートルの間隔をもって南内郭への主要な通路を守るかのような構えの壕が設けられていた。新段階になるとやや位置を変えるが、壕の出入り口は二カ所設けられ、南内郭の出入り口の数と対応していた。

以上のように、南内郭は、物見櫓を配した環壕によって厳重に区画され、内部に溝や柵でかこまれたやや大型の竪穴住居があること、さらに一帯の環壕内から大型の土器群や多数の鉄製品が出土することなどから、首長層など高階層の人びとの居住区ではないかと推定された。

3　北内郭は祭祀空間か

二重環壕の特別な形

北内郭一帯は、弥生時代前期末から古墳時代はじめにかけて継続して集落が営まれた吉野ヶ里遺跡唯一の空間であり、特別な空間といえる。その北方に位置する墳丘墓までのあいだには多数の甕棺墓が列状に営まれるが、後期後半に北内郭を画す二重の内環壕が設けられる区域の内側には墳墓は営まれていなかった（図39）。

後で紹介する北内郭の出入り口あたりでは、畑作で邪魔になったのか、中期中ごろから後半の丹塗りの筒形器台や高坏・壺などの祭祀専用土器群を多数埋めた近年掘られた穴がみつかっている。この場所は直近の墓域から最短距離で約五〇メートル離れていることなどから、この祭祀用土器は中期の集落内で使用されたものと考えられ、墳丘墓に南面するこの空間には古くから祭祀的な特別な性格が与えられていたのだろう。

新段階の先端が丸いA字形の内環壕は、北東―南西軸を中心線にして左右対称になっている。内部の広さは北東―南西方向、北西―南東方向とも約六〇メートルで、面積は〇・二八ヘクタールと南内郭の三分の一程度である。

A字の基部にあたる二カ所と側辺の二カ所に突出部があり、その内側に物見櫓と考えられる掘立柱建物跡が存在する。これら四カ所の建物跡は、後世の破壊で全体の規模が不明な東の建物跡を除けば、すべて一間×二間で、三メートル強×四メートル強であった。

総柱の重層建物

A字の底辺中央には幅広く突出した部分があり、その内側に一間×二間の掘立柱建物跡がある。四・四八メートル×六・四メートルの規模であった。この建物跡周辺には同様な規模の数棟

図39 ● 北内郭跡
対称的かつ幾何学的な平面形で4カ所の突出部には物見櫓跡が、南西には鍵形の出入り口がある。内部には大型建物と少数の竪穴住居跡と高床建物がある（復元は図54参照）。

の建物跡が存在する。同じ機能・性格をもった建物であり、北内郭の中軸線が夏至の日の出と冬至の日の入り方向と一致しており、その線上に存在することなどから、節気の祭祀に関わる建物であった可能性がある（**図40**）。

北内郭内部には、大小の掘立柱建物跡群と少数の竪穴住居が存在するなど、南内郭とは様相を異にする。もっとも大きな建物跡は、三間×三間の一六本柱の総柱（建物の側だけではなく内側にも柱をもつ）構造の重層建物と考えられる建物で、北内郭内部の中央南寄りにある（**図54参照**）。規模は一二・三メートル×一二・七メートルと、弥生時代の建物では屈指の大きさを誇る大型建物である。柱穴で確認された柱痕跡の径は四〇～五五センチと高層建物に耐えうる太さだった。柱穴から出土した土器によると、終末期に建築されたものと考えられる。

このほかに一間×二間で建物の南に一間の露台がつくらしい高床住居と考えられる建物跡や、

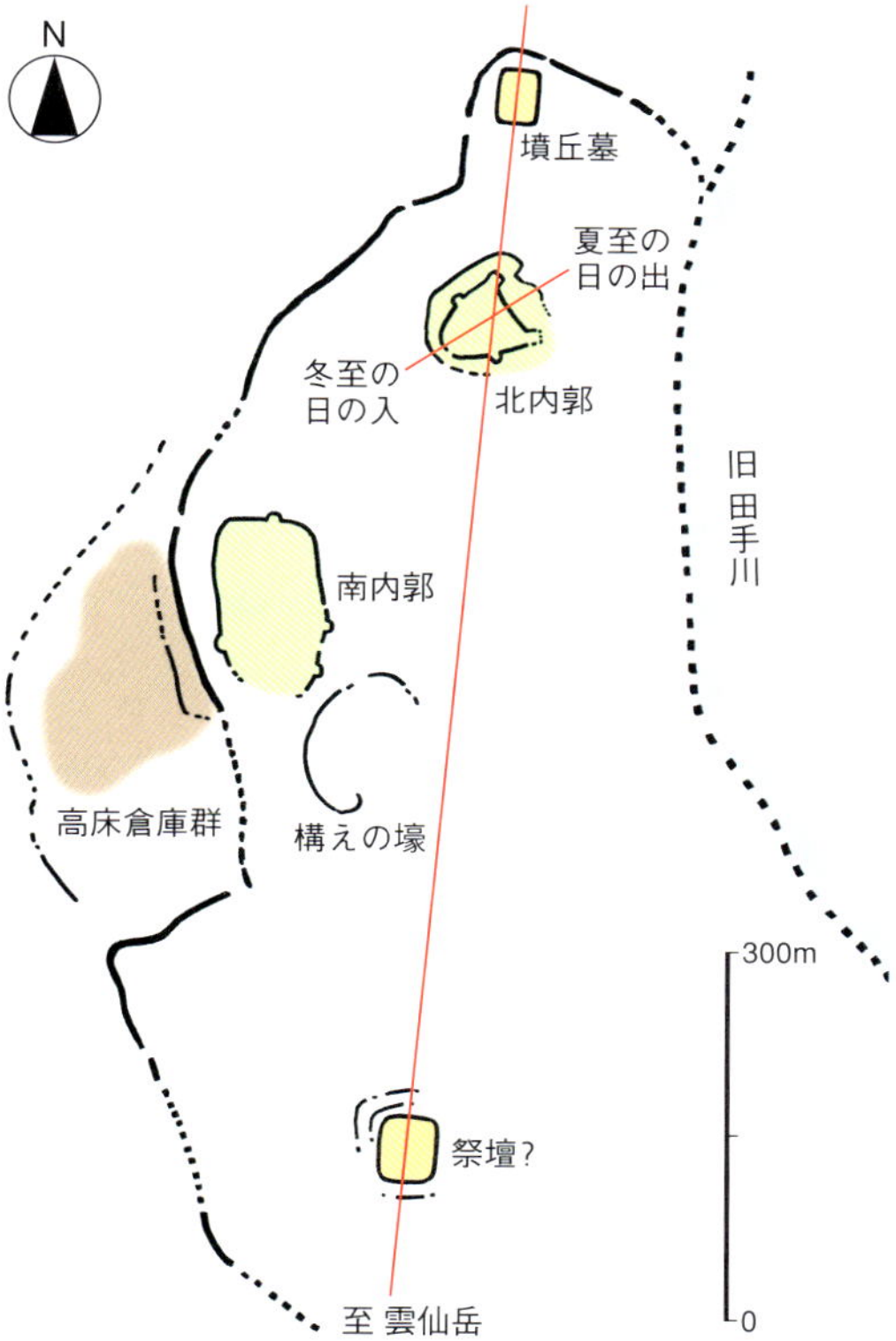

図40 ● 終末期の吉野ヶ里集落のつくり
弥生時代中期前半に北と南に築かれた墳丘墓と祭壇を結ぶ線上に、大型建物とそれをかこむ北内郭が設けられた。

一間×二間の高床倉庫と考えられる建物跡、七・一メートル×五・三八メートルの炉をもたない大きな竪穴住居跡などが存在する。高床住居や特別なものを納めた倉庫・施設など、北内郭の機能に関連深い建物だったと思われる。また、北内郭跡の環壕区画外の北側には、一四基ほどの掘立柱建物跡群が存在する。いずれも小規模なもので、北内郭と深い関係をもって設けられたものだろう。北内郭内外でのさまざまな活動のための物資を収納した倉庫と考えられる。

祭祀を連想する配置

さて、北内郭の大型建物の位置と向きには特別な意味があるように思われる。この大型建物の南北中軸線は、北約一九〇メートルにある中期の墳丘墓の中心と南約六五〇メートルにある中期に築かれた祭壇と考えられる盛土遺構の中心を結ぶ線上に合っている（図40）。また、この南北軸線の延長線上の南約六〇キロには、火山として有名な雲仙岳の尾根がそびえている。

この建物が、墳丘墓、つまり過去の首長を葬った場所、祖霊・英雄霊がいる場所に南面すること、また北内郭の北東―南西の中軸線を夏至の日の出と冬至の日の入りの方向を合わせていること、また新段階内壕を設けるために古段階内壕を埋め立てる際に埋納したと考えられる銅戈（戈形青銅祭器）などの祭祀遺物が出土したことなどから、北内郭は吉野ヶ里集落のでも祭祀的な性格をもっとも重要な空間であったと考えられる。A字形の平面形についても、当時中国で広まっていた道教の基本理念である「天円地方」をとり入れた可能性がある。おそらく、吉野ヶ里集落のみならず、吉野ヶ里のクニに君臨する最高司祭者の存在が想起される。

4　高床倉庫群は交易の場か

南内郭の西方にある高床倉庫と考えられる掘立柱建物跡群は、後期前半から一部古墳時代はじめのものと考えられるが、その中心は後期後半から終末期にかけてのものだろう。少数の竪穴住居跡とともに存在していた（図41）。これら建物群の西方では壕跡が断片的に確認されており、倉庫群を守るために設けられたものと考えているが、将来、確認が必要である。

建物群は四つの区域に大きく分けられる。南北一八〇メートル、東西最大一二〇メートルの空間のなかに、外環壕と並行する溝跡とのあいだの南北に細長い区域（第一群）とその北方の区域（第二群）、中央部の湾曲する東西方向の区域（第三群）、さらに約二〇メートルの間隔をもった

図41 ● 高床倉庫群跡
南内郭の西方では多数の掘立柱建物跡が発掘された。集落のみならずクニ全体の物資を納め、市の役割も担ったと考えられる（1988年度と1999年度調査区の合成写真）。

南方の区域（第四群）である。確実な建物は七〇基弱であるが、ほかに建物を構成すると考えられる柱穴が多数発掘されているので、重複しながら一〇〇基以上の建物が存在していたとみられる。

第一群には大型のものが多く、一間×二間で二七・七二平方メートルのものもあり、一間×三間のものは二八・七平方メートルの規模であった。建物規模が大きなことや外環壕とそれに並行する壕によって厳重にかこまれていることなどから、重要な物資を納めていた高床倉庫と考えられる。第二群と第四郡は、小規模な一間×一間や一間×二間の建物で形成されている。これらの群には竪穴住居跡も存在する。

第三群は、この倉庫群のなかでもっとも多くの高床倉庫跡が発掘された場所である。東西方向のやや湾曲する通路と考えられる空白地の両側に分布する。比較的大きな一間×二間のものを主体とし、通路北の中央には重複して二間×二間の総柱建物跡と二間×三間の総柱建物跡があった。

この総柱建物跡は重層建物であったと考えられ、規模はそれぞれ三九・四平方メートルと三八・五平方メートルと大規模である。倉庫以外の機能をもった特殊な構造の建物と考えられ、この一帯の施設群の用途や機能を考える際の重要な建物だと考えられる。また、建物群のあいだには広場と考えられる遺構空白地が少なくとも四カ所存在し、中央建物群のなかには建物群を南北に二分するかのような道路状の空白が存在することも注目される。

私はこの高床倉庫群のある空間に市の機能も想定しているが、高層建物跡はたとえば中国の城郭内の市を管理する市楼（旗亭、**図55参照**）のような機能が想定される。この大倉庫群は分布範囲、棟数の多さなどから、吉野ヶ里集落のみならず吉野ヶ里のクニの物資を集積し、あわせて市のための物資も保管する大規模な群倉であったと考えられるのである。

吉野ヶ里のクニ

以上、クニの中心集落へと発展した姿をみてきた。それでは、このクニとはどのくらいの範囲の地域だったのだろうか。

吉野ヶ里遺跡は現在の神埼市と神埼郡吉野ヶ里町にまたがっているが、この地域は律令時代の肥前国神埼郡の中心地であったことが、周辺一帯から寺院

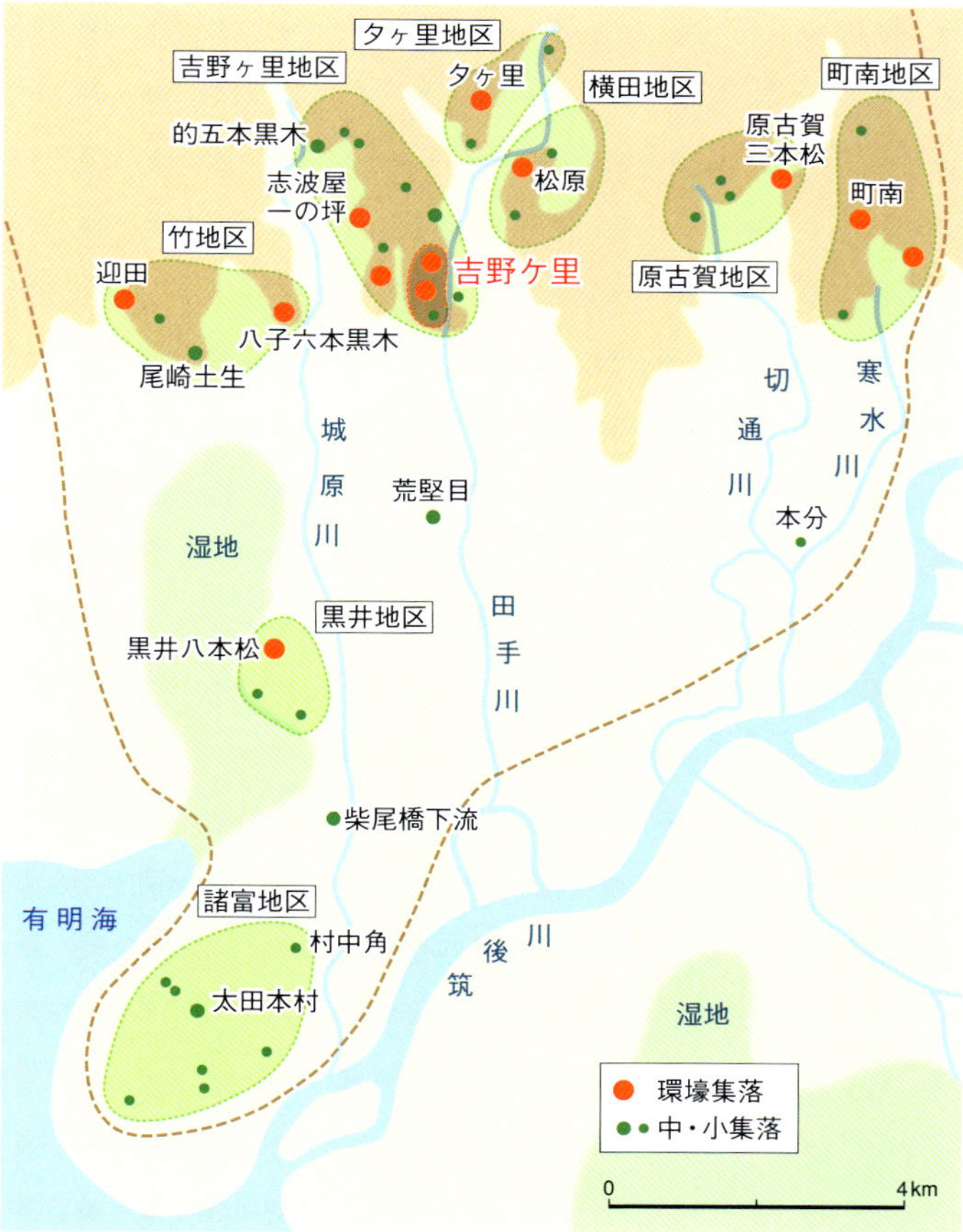

図42 ● 吉野ヶ里のクニの範囲
律令時代以降の神埼郡を中心に、旧三根郡、旧佐賀郡の南東部を含む区域（図中破線でかこんだ範囲）であったと考えられる。

跡や駅路《えきろ》跡、数百基の掘立柱建物跡などが発掘され、なかには神埼郡衙《ぐんが》や神埼駅家《うまや》の施設と考えられるものがあることや、木簡や墨書土器(「神崎厨《くりや》」墨書もある)・刻書土器、陶硯《とうけん》や水滴、机などの文房具が出土することからわかる。『肥前国風土記』によれば、九郷を擁する神埼郡の東隣、六郷からなる三根《みね》郡は神埼郡三根村の名をとって神埼郡から分かれた郡であるとの記述があり、神埼郡はもともと一五郷程度の肥前国内最大の上郡(律令の規定で、大郡は二〇〜一六郷、上郡は一五〜一二郷、中郡は一一〜八郷、下郡は七〜四郷、小郡三〜二郷)であった。

このようなことから吉野ヶ里のクニの範囲は、現在の神埼市、神埼郡吉野ヶ里町、三養基郡のみやき町西部・上峰町、佐賀市の蓮池町(旧神埼郡)・諸富《もろどみ》町を含むおよそ南北一五キロ、東西一〇キロ以上の範囲と考えられる(**図42**)。北に末盧国、伊都国、奴国などを隔てる脊振山系、南は国内外に連なる有明海に面した要害の地であり、肥前国では最大かつもっとも肥沃な土地であった。

5　墳墓と祭祀

吉野ヶ里遺跡でみあたらない後期の首長墓

吉野ヶ里の丘の各所に営まれた墓地のなかでは、後期前半以降の甕棺墓や土壙墓、箱式石棺墓などはみつかっているものの、中期のものにくらべて激減している。この傾向は九州北部で共通の現象であり、福岡などの玄界灘沿岸地方にくらべ、佐賀地方ではより遅い後期前半まで甕棺墓が残っている。

後期の環壕集落は、これまでみてきたように都市的な様相が漂う大規模なものであったが、この集落の首長の墓と目される墳墓はいったいどこにあったのだろうか。

第3章でもふれたように、吉野ヶ里の墳丘墓に葬られた首長たちは、吉野ヶ里集落のみならず、クニを構成する集落全体で共立された首長であった可能性が高い。しかし、墳丘墓からは後期以降の首長の墳墓とみられるものはみつかっていない。後期の首長たちの墓は、共立という観点から、広範囲でさがす必要がある（図43）。

漢鏡を副葬する墳墓の変遷

吉野ヶ里遺跡の周辺で、中期後半以降、大きな漢鏡を副葬した墳墓は北東約三・五キロに位置する二塚山遺跡の中期後半の甕

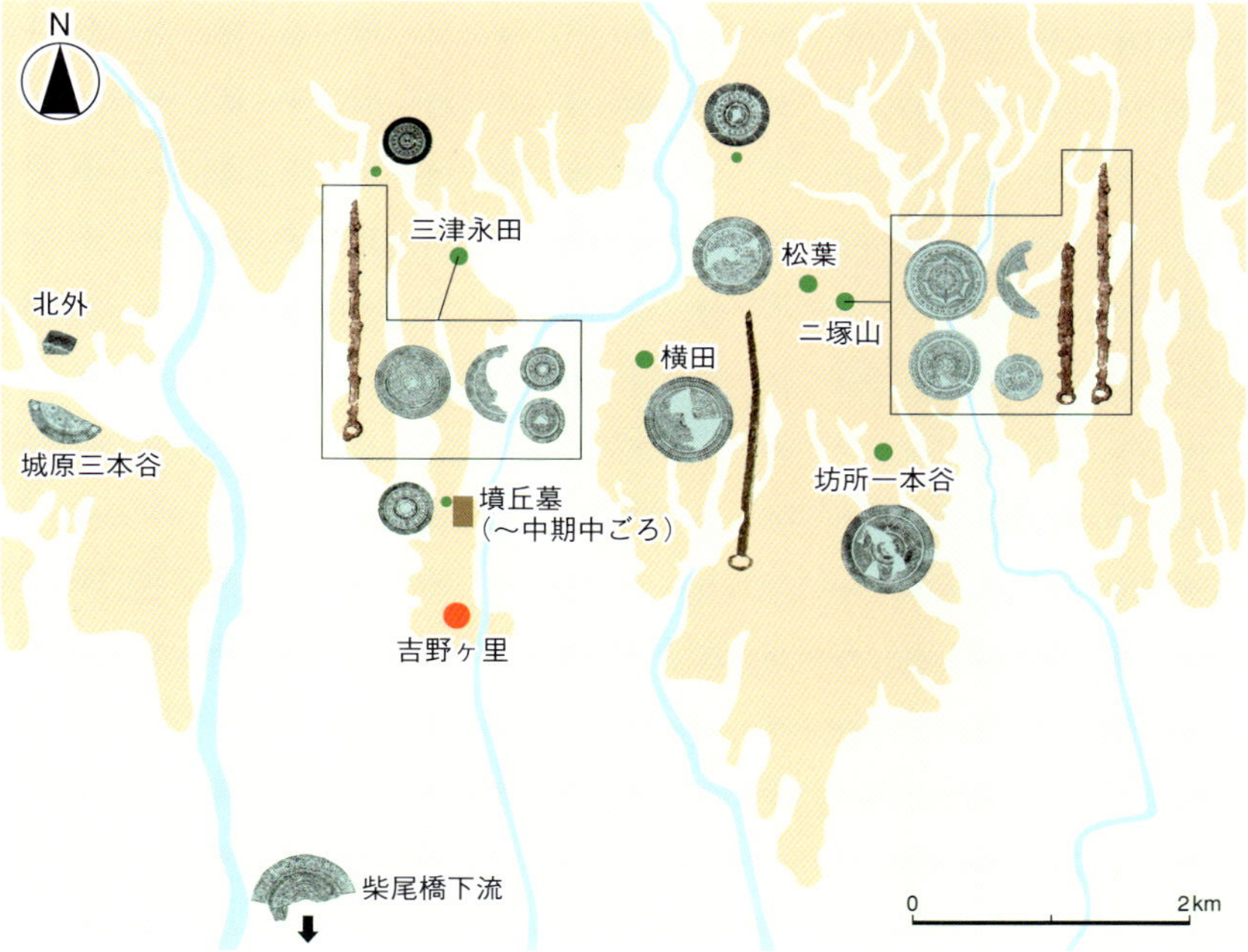

図43 ● 吉野ヶ里周辺のおもな弥生墓地
中国王朝の権威を帯びた鉄刀や大きな銅鏡を副葬した墳墓は、吉野ヶ里一帯にはなく、むしろ周囲に分布している。

棺墓が最初である。中型の連弧文「絜清白」銘鏡であった。その後、北方約二・五キロの三津永田遺跡や北東約二・一キロの横田（松原）遺跡、北東約三・五キロの松葉遺跡、東北東約二・一キロの坊所《ぼうじょ》一本谷遺跡の五遺跡で、後期前半から後半にかけての墳墓から、方格規矩鏡《ほうかくきくきょう》や細線式獣帯鏡《さいせんしきじゅうたいきょう》、長宜子孫系連弧文鏡《ちょうぎしそんけいれんこもんきょう》など計九点の中型の漢鏡が出土し、小型の漢鏡は二塚山遺跡と三津永田遺跡など七遺跡で計九点出土した。また北西三・五キロの城原三本谷《じょうばるさんぼんたに》遺跡や北外《ほっけ》遺跡からは、箱式石棺墓からそれぞれ方格規矩鏡や長宜子孫系連弧文鏡の破片が採集されている。城原三本谷遺跡の鏡は復元径二〇センチの大型鏡である。

こうしてみると二塚山遺跡と三津永田遺跡は、いずれも前期末から後期後半まで継続する特異な墓地であり、神埼地方のなかで有力な継続型集落が営んだ墓地と考えられる。こ

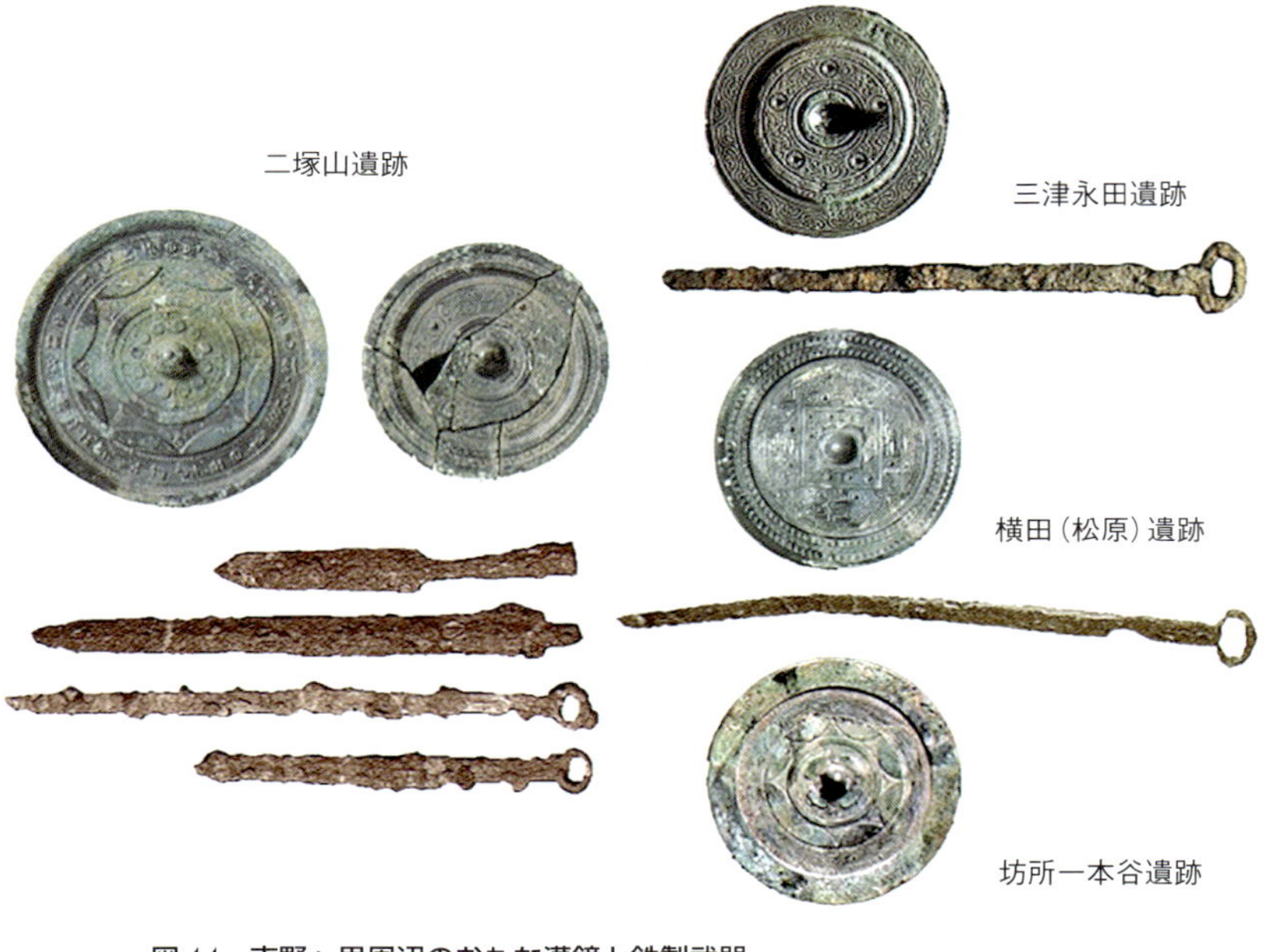

図44 ● 吉野ヶ里周辺のおもな漢鏡と鉄製武器
二塚山遺跡の中期後半の甕棺墓に副葬された前漢鏡（連弧文鏡）をかわきりに、後期後半までの土壙墓、石棺墓に後漢鏡が継続的に副葬されている。

れらの墓地は吉野ヶ里遺跡の東西六キロ、南北二キロ範囲の丘陵上に存在しており、二塚山遺跡と三津永田遺跡を中心に横田、松葉、坊所一本谷の各墓地に順を追って埋葬されたとみられる。二塚山遺跡と三津永田遺跡、横田遺跡では素環頭大刀など中国製の鉄製武器をともなう。三津永田遺跡や二塚山遺跡、吉野ヶ里遺跡の人骨とともに出土した鏡から、大型・中型鏡は男性の、小型鏡は女性の副葬品であった可能性が高い。

有力集落からクニの首長を共立

長期間にわたり漢鏡が広域の墓地を交替するように相次いで副葬されていることについて、岡村秀典は「弥生時代中期から後期にかけて、吉野ヶ里から二塚山、そして三津永田へと青銅器を副葬する首長墓が移動していたようであり、集落を単位とする族長も、平野単位の社会を統率する上位の地域首長も、安定した世襲的な権力を掌握するにはいたっていなかった」と考えた。

吉野ヶ里集落の近隣で首長層を葬ったと考えられる墳墓が確認されていない現状から、周辺に分布する漢鏡や鉄刀を副葬した墳墓の被葬者を歴代の首長とみることが必要であろう。吉野ヶ里集落は地域の母なる集落ではあったが、地域社会全体の力で建設された集落であり、中期以降緊密になったネットワークは、地域社会の統合過程でさらに強くなったことは疑いえない。そうしたなかで、地域社会全体のなかの有力集落からクニの首長が共立されたのであろう。

歴代の首長は、中期中ごろには吉野ヶ里の墳丘墓に埋葬されたが、中期後半以降は吉野ヶ里集落で首長の役割を終えた後、あるいは死亡した後、自身の出身地である集落の墓地に家族とともに葬られるという埋葬法に大きく変化したと考えることができる。このように、岡村の考えとは異なった社会状況を推定することができ、この地方では集落群のなかからクニの首長を共立する仕組みができあがっていたと考えたい。

周辺に出現する集落

後期になると、環壕集落北端から北北西約五〇〇メートルの一帯「志波屋四の坪地区」北部で集落が営まれはじめるが、後期後半になると、北東―南西約二五〇メートル、北西―南東約一六〇メートルの、竪穴住居と掘立柱建物からなる比較的大きな集落が営まれ、終末期まで継続する。竪穴住居跡約三〇基と掘立柱建物跡二〇基弱が発掘されているが、集落の西斜面の部分が後世、段々畑として大きく削られていたので、さらに多くの遺構が存在していたはずだ。

時期が確定できる建物跡は、後期後半のもの四基、終末期のもの八基であるが、この比率であったかは不明である。後期後半〜終末期、終末期〜古墳時代はじめと考えられるものも含め、おもに終末期の竪穴住居から鋳造鉄斧やヤリガンナ、刀子などの鉄製品や後漢時代の漢鏡の破片が出土するなど、一般的な農業集落とは考えられない。

周辺の状況はどうであったか。後期前半の集落の分布は中期とほぼ変わらないが、後期後半、終末期になると、吉野ヶ里遺跡の西約一キロを南流する城原川の中・下流域で集落が新たに営まれるようになる（**図42参照**）。吉野ヶ里遺跡の西約一・五キロには環壕集落跡である八子六本《やごろっぽん》黒木《くろき》遺跡があり、中流の神埼市千代田町では環壕をもつと推定される集落跡がいくつか発掘されている。下流の諸富町はこのころまでには陸化したと考えられ、多くの集落が出現している。東海地方以西の土器やそれらの系統をひく土器が数多く出土するなど、吉野ヶ里のクニの港津のような役割を果たした集落ではなかったかと考えられる。これら外来系土器は、吉野ヶ里遺跡からも出土する。

また、山麓部の丘陵上でも、継続的集落が環壕を設けたり、新たな環壕集落が生まれたりしている。城原川沿いの集落が有明海に通じる城原川を用いた重要なルートを、これら山麓部の集落が山の辺の重要ルートを守っていたかのようである。

祭祀の変化と銅鐸の埋納

水稲農業が伝来して以来、穀物や人の霊魂を運ぶ鳥と船を対象とした祭祀がおこなわれたが、吉野ヶ里遺跡からは中期のゴンドラ形の船形木製品（**図21参照**）が、南約五キロの詫田西分遺跡からは中期の鳥形木製品が、西約二キロの川寄吉原《かわよりよしはら》遺跡からは後期の頭に鳥の羽をつけた戦士を描いた鐸形土製品が出土している（**図45**）。

また、吉野ヶ里遺跡内からは中期から後期にかけての銅鐸形土製品一三点や剣・矛形・戈形の武器形木製品六

図45 ● 川寄吉原遺跡出土の鐸形土製品
右手に武器、左手に盾を持った戦士が描かれている。頭上には鳥の羽と考えられる飾りが描かれている。

点が発見されており、集落遺構から発見された六点の小型仿製鏡《ぼうせいきょう》（漢鏡をモデルに日本列島つくられた小型鏡）などと合わせさまざまな祭祀がおこなわれていたことがわかる。

しかし、人びとのあいだに階層ができると、第3章で紹介した中期の墳丘墓や南の祭壇が示すように、しだいに祖霊・英雄や天に対する祭祀がおこなわれるようになる。北内郭に設けられた祭殿と目される大型建物の意義については先に紹介したが、南の祭壇も終末期になると周囲を新たな溝でかこむなど、祭祀施設を再整備したことがうかがえる。

一九九八年一一月、後期環壕集落の北端からさらに北へ五〇〇メートル行った丘陵東の緩斜面で、県教育委員会の細川金也の手によって、銅鐸が発掘された（図46）。九州ではじめての出土である。後期に埋没した谷の包含層に小穴を掘り、鈕《ちゅう》を下にむけて埋納されていた。

この銅鐸は、大きさや鐸身《たくしん》、鰭《ひれ》を飾る文様などの特徴から、これまで山陰地方や中国地方で四例みつかっていた「福田型銅鐸」であることがわかっている。福田型銅鐸は鐸身の部分に横

図46 ● 吉野ヶ里遺跡出土の銅鐸
九州で初出土の銅鐸で、小さな穴のなかに逆さの状態で埋められていた。

帯文とよばれる文様がつく小型の銅鐸として知られるが、目、鼻のような文様や水鳥などの文様をもつものもある。鳥栖市の安永田遺跡でこの型式の鋳型が出土し、九州に銅鐸はなかったとする定説を揺るがすものとして大いに話題になったが、その後、同じ鳥栖市の本行《ほんぎょう》遺跡からも鋳型が出土し、福田型銅鐸は九州北部でつくられた銅鐸と考えられている。

吉野ヶ里遺跡出土の銅鐸は、島根県内から出土したといわれている「伝出雲出土銅鐸」と同じ鋳型でつくった兄弟銅鐸であることがわかった（**図47**）。現在のところ、文様のない吉野ヶ里銅鐸を製作後、鋳型に目や鼻、水鳥などの文様を彫り込み、伝出雲出土銅鐸を鋳造したと考えられている。

また、長期間にわたって使用されていたことも判明し、近畿地方を中心とした「銅鐸文化圏」、九州北部を中心とした「銅矛・銅剣文化圏」という従来の見方からすると、「銅矛・銅剣文化圏」の中心地でもある吉野ヶ里の地で、銅鐸文化圏と同様な銅鐸を使用した祭祀が同時におこなわれていたことを示しているものとして注目される。

吉野ヶ里遺跡出土　　伝出雲出土

図47 ● 伝出雲出土銅鐸との兄弟関係
分析の結果、二つの銅鐸は同じ鋳型から鋳出されたこと、吉野ヶ里銅鐸に邪視文や鳥文がないので先に鋳出されたことがわかった。

6 豊富な出土品が語るもの

列島各地の土器が流入

以上みてきたように吉野ヶ里遺跡の発掘調査では、数多くのさまざまな遺構を確認したが、遺物も多種多様なものが数多く出土している。

土器について特徴的なことは、集落の中枢である南内郭や北内郭一帯から出土したのが高坏形土器や鉢形土器、小型の壺状土器といった供膳形態の土器が多い傾向が認められ、また壺形土器や甕形土器のなかに大型のものが数多く存在していることである（図48）。これらは南北両内郭の機能を考える重要な手がかりになるもので、出土土器の器種構成についてくわしく検討する必要がある。

中期の集落からは、とくに中期前半を中心に朝鮮系無文土器（図49）が出土したが、後期後半になると日本列島内の他地方の土器あるいはその系統をひく、いわゆる外来系土器が流入することになる（図50）。在地の土器の量にくらべるとわずかであるが、終末期から古墳時代

図48 ● 弥生時代後期の土器
後期になると器種も形も多様化しバラエティーに富むようになる。このころから他の地域の土器やそれに影響を受けたものもあらわれる。

はじめにかけて増加する。後期後半のものとしては肥後や吉備、瀬戸内系のものが、終末期のものとしては筑前、吉備、山陰、近江、丹後系のものがあり、南内郭一帯での出土が多い。吉野ヶ里の港と考えられる南一〇キロに位置する諸富町の集落跡からは、東海系の土器を含む外来系土器が多数出土している。

図49 • 朝鮮系無文土器
吉野ヶ里遺跡出土の無文土器は、原形から少し変化したものが多い。弥生土器にくらべ数は非常に少ない。

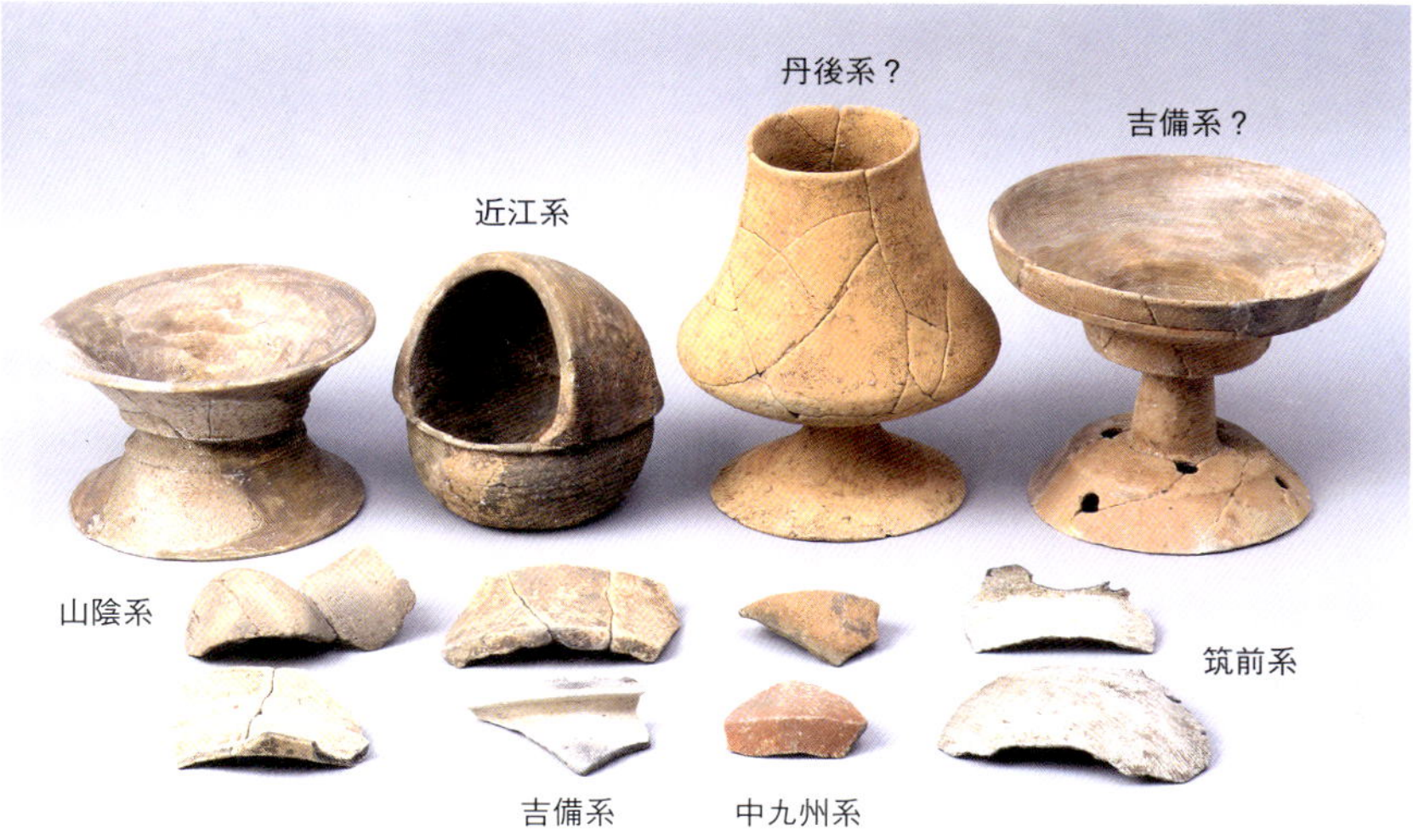

図50 • 外から持ち込まれた土器
弥生時代終末期を中心に、東海地方以西（畿内、山陰、山陽、中九州、福岡）から持ち込まれたもの、あるいはそれらから影響を受けた土器が出土する。

豊富な種類がそろった鉄製農耕具

利器の主体であった磨製・打製石器は、中期中ごろを境に減少し、後期になると打製石器は使われなくなり、磨製石器も減少する。かわって鉄製品が増加する（図51）。吉野ヶ里遺跡全体で二三〇点ほどの鉄製品がみつかっているが、後期の集落跡から出土したものが大半であった。

南内郭一帯で約七〇点、北内郭一帯で約三五点と全体の半数近くを占めており、先の大型土器の出土の傾向と一致する。器種は武器（鏃・剣）、工具（斧・刀子・ヤリガンナ・ノミ・タガネ）、農具（摘鎌《つみがま》・鎌《かま》・鋤先《すきさき》）などであったが、農具と工具が全体の約七割を占めている。南内郭では武器の比率が少ないのに対して、北内郭は武器と工具の比率が高くなっているが、北内郭の環壕跡の発掘は一部のみであったのでこの比率が正しいかどうかはわからない。

吉野ヶ里歴史公園の復元工事の際、北内郭の大型建物の建築現場で、大工の方たちから「弥生時代の大工道具でこのように大きな建物を建てたとは考えられない」という声が聞こえたので、棟梁に頼んで発掘事務所に集まっていただき、出土した鉄の工具をみてもらった。さまざ

図51 ● さまざまな鉄製品
農具や工具、武器などの多数の鉄器、鉄製品が出土した。なかには朝鮮半島製や中国製の鋳造斧なども存在する。

まな器種とその種類、たとえば手斧《ておの》ならば大小四、五種あるのをみて、「驚きだ、こんな道具があれば何でもできたはずだ」と納得してもらい、工事を進めてもらったことがあった。

さまざまな木製生活道具

木製品はおもに遺跡南端の南西部、近年まで水田となっていた低地から一五〇点以上が出土した。環壕跡や溝跡から出土したものが多く、中期後半から後期後半にかけて、とくに後期のものが多くを占めている（図52）。

器種別には、農具（鍬・鋤・エブリ・泥除・横槌《よこづち》・竪杵《たてぎね》・臼《うす》）、工具（斧柄《おのつか》・鎌《かま》柄《つか》・楔《くさび》など）、容器（漆塗りのものも含む）、建築部材（柱材・板材・刻み梯子・ネズミ返し）、祭祀具（剣形・戈形・矛形？・刀形）などがある。その他のものとして、背負子、杓子《しゃくし》、タモ網の枠、紡錘車、櫛、火《ひ》鑚《きり》臼、履物などがある。これらは、吉野ヶ里歴史公園の生活器材復元の参考資料として用いられた。

図52 ● 臼と杵と農具
遺跡南西の水田となっていた低地ではさまざまな農具が、容器や祭祀具、建築部材などとともに出土した。

第5章　吉野ヶ里遺跡と邪馬台国

1　倭人伝と吉野ヶ里のクニ

本書冒頭で述べたように、近年、吉野ヶ里遺跡について、「時代が邪馬台国よりも古い」「邪馬台国とは無関係だ」「このような遺跡はどこにでも存在する」といった声をよく耳にする。本当にそうだろうか。私は、吉野ヶ里遺跡の発掘調査が邪馬台国を理解するための多くの情報を提供していると考えている。ここでは、「倭人伝」のいくつかの記事をとりあげ、吉野ヶ里遺跡の考古学的成果と比較してみよう。

卑弥呼を共立した地方

「倭国乱れ、相攻伐すること歴年。乃ち一女子を共立して王と為す。名は卑弥呼と曰う」

倭国王である卑弥呼は「倭国乱」の状態のなかで諸国によって共立されたという。その舞台は戦争・紛争が多い地域と考えられる。

九州北部地方は弥生時代前期の段階から戦死者の存在が知られ、中期中ごろ前後には多くの戦闘の犠牲者が甕棺墓に埋葬された状態で出土する（図27・28参照）。武器も、石器から青銅器、鉄器へと変化し、青銅器はしだいに祭器化し武威の象徴へと変化するものの、終末期まで使用される。つまり、戦闘の犠牲者が多く、弥生時代の最後まで青銅製武器形祭器を用いた祭祀をおこなっていた地域である。

なお、武器形の祭祀用具には青銅製と木製のものがあり、木製のものは関東地方以西の広範囲に分布するが、青銅製の武器形祭器は出雲地方を除けばほぼ九州北部に集中する。とくに銅矛は当初小型で実用的なものであったが、しだいに巨大化する（図53）。それは戦いと緊張がつづいた集団が用いた祭器だったといえよう。

祭事と政事の場があるところ

「南して邪馬台国に至る、女王の都する所……官に伊支馬有り、次を弥馬升と曰い、次を弥馬獲支と曰い、次を奴佳鞮と曰う」

倭王卑弥呼が君臨する倭国の都には、邪馬台国の長官（伊支馬）や次官（弥馬升など）がいたという。卑弥呼が居住し祭事の場とな

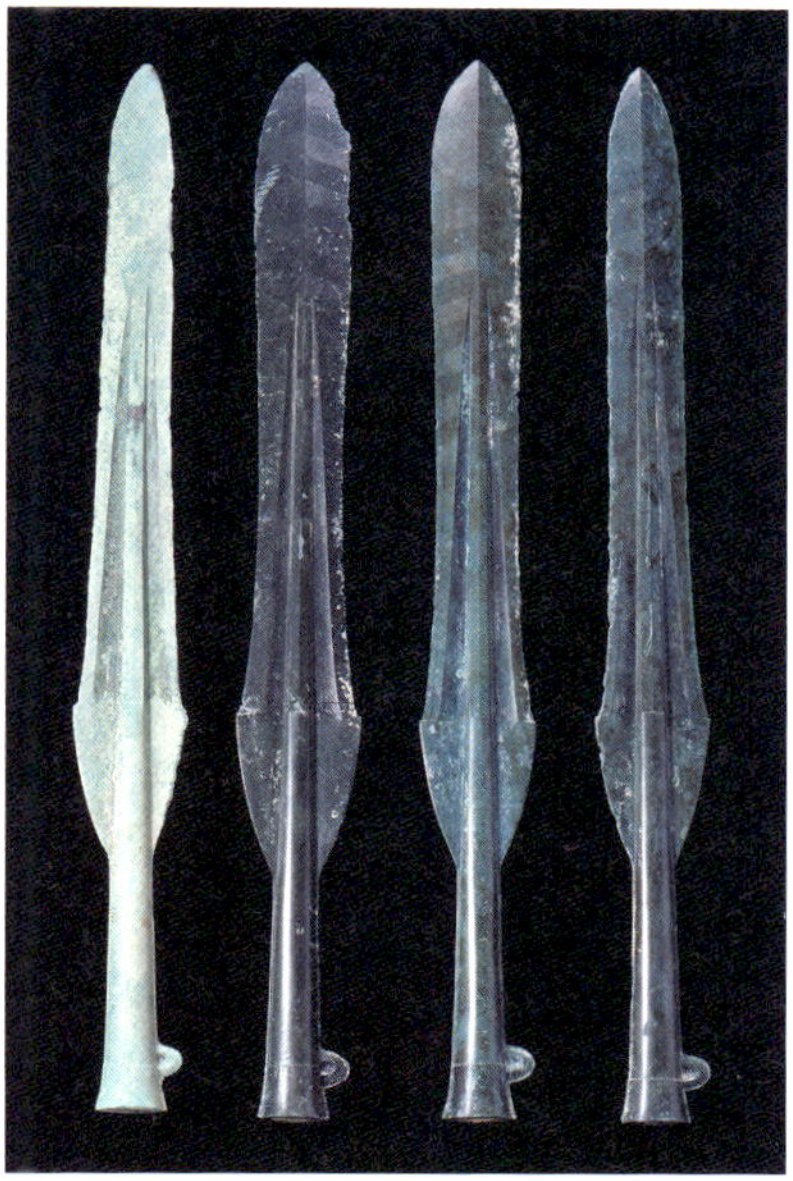

図53 ● 検見谷遺跡出土の銅矛
刃の部分全体を矢羽根状に研ぎ分けられた銅矛で、祭祀の場面で動的な輝きを醸し出す。

った倭国の宮殿と、邪馬台国の長官や次官たちが居住し政事をおこなう政庁ともいえる施設の両者がある構成は、まさに祭事の場である北内郭と高階層の人びとのいる南内郭がある吉野ヶ里遺跡にきわめて似ている。一つの大規模環壕集落内に性格を異にする二つの拠点が存在する大型の集落跡は、現在のところ吉野ヶ里遺跡以外にみあたらないのである。

卑弥呼の宮殿の構造

「王となりてより以来、見ること有る者少なし。……宮室、楼観、城柵を厳かに設け、常に人有りて兵を持ちて守衛す」

「倭人伝」は、倭王卑弥呼が居住し祭祀をとりおこなった宮殿をこのように記している。北内郭は、吉野ヶ里集落のなかで弥生時代中期初頭から後期終末、さらには古墳時代前期まで集落が一貫して継続した唯一の空間で、墳墓が一度も立ち入らない神聖な区域であった。二重の環壕（外環壕を加えると三重）と鍵形の出入り口、四カ所の物見櫓をもつ非常に閉鎖された空間であり、「王となりてより見る有る者少なし」という倭王卑弥呼の居館の有様を髣髴とさせるのである（図54）。祭祀土器群（中期）や青銅製武器形祭器（中広銅戈、後期）などの出土、また墳丘墓東の大型土坑内の大量の祭祀土器群も、祭祀者の居館の可能性を示している。

「宮室、楼観、城柵」は、吉野ヶ里遺跡が注目されることになった一文である。そして現時点でも、吉野ヶ里遺跡は宮室（北内郭の大型建物）・楼観（物見櫓）・城柵（環壕を掘り上げてつくられた土塁の上に設けられただろう柵）がそろった唯一の弥生時代終末期の集落なのである。

男王が君臨した地方

「其の国、本亦男子を以て王と為す。住まること七、八十年、倭国乱れ、相攻伐すること歴年」

卑弥呼が倭王として立てられた地方は男子が歴代の王となっており、七〇〜八〇年間は戦いが続いていたという。つまり弥生時代後期前半から後半にかけて男王がいたことを示している。「其の国」が倭国か邪馬台国かは議論があるところだが、卑弥呼が立てられる基盤となった地方であることは疑いえない。

第4章でみたように、吉野ヶ里遺跡の周辺地域（吉野ヶ里のクニ）では、弥生時代中期前半〜後期後半に、連続して男王たちが存在していたことが、各地に残る墓地から出土する漢鏡や鉄製武器などによって明らかになっている。

鉄製素環頭大刀や大型・中型の漢鏡は中国国家の権威を帯びた下賜品であり外交の賜物であった。吉野ヶ里遺跡一帯での出土状況は、当地が長期間にわたり対中国外交に深く関わっていたことを示すものである。

福岡や糸島など玄界灘沿岸地域では、一つの墳墓に多

図54●復元された北内郭
A字形に環壕と土塁、柵によってかこまれた空間に、物見櫓4基と大型建物、高床建物、竪穴住居などが再現されている。

数の銅鏡などを副葬する、しばしば「王墓」とよばれる墳墓が存在するが、これらは各地域内で断続的に出現するもので、首長の系譜が継続的ではないことを示している。

後漢の都、洛陽の高官たちを埋葬した洛陽焼溝漢墓では、一人埋葬の墳墓四〇例のうち、鏡一面の副葬例が三六例と、中国では副葬する鏡は一人一面が通常であった。

私は、周辺の有力集落から共立され吉野ヶ里集落に君臨した世俗的な首長（男王）は、中期中ごろまでは墳丘墓に埋葬されていたが、中期後半以降は死亡したら出身集落の墓地に、漢鏡（中型鏡）や鉄製素環頭大刀を添えて葬られた可能性が高いと考えている。

市と交易

「租賦を収む。邸閣有り。国国に市有り。有無を交易し」

「倭人伝」には、倭人たちは租税を納めていることや、邸閣とみられる大型倉庫があること、国々には市があり交易していることが記されている。邸閣とは中国の用例からすると多くは軍用倉庫とされるが、元来食糧などの物資を貯蔵する官府が設けた倉庫である。『三国志』呉書には「会市を通じ邸閣を作る」とあり、市と邸閣が組になっていることも指摘されている。『史記』に「太倉・西市を立つ」、『漢書』に「長安の西市を起こし、敖倉を修む」とあり、市と大型倉庫との深い関係を知ることができる。

前漢の都長安城内にはさまざまな市が設けられていた。そこには市の役所である高層の旗亭（市楼）が設けられ、市の役人がとり仕切っていた。旗亭はのちに「上に二重楼あり、鼓を懸げ、之を撃ち以て市を罷ましむ」（『洛陽伽藍記』巻二）とあるように、楼の上層に置かれた太鼓や鐘、あるいは旗によって市門の開閉を知らせていた。

吉野ヶ里遺跡におけるこの後期後半の大規模な高床倉庫群中に建て替えられた二棟の高層建物は、市楼のような機能をもった施設と考えることも可能ではないかと思う（図55）。

吉野ヶ里集落の年代と邪馬台国の年代

邪馬台国時代は二世紀末から三世紀前半の、卑弥呼が倭王に共立され亡くなるまでの期間である。土器形式でいうと弥生時代終末期である。

吉野ヶ里遺跡の環壕は、すべて弥生時代終末期、土器の編年では、畿内終末期の庄内2・3式並行とされる佐賀平野終末期の惣座2式まで維持される。後期後半から終末期にかけてのいわゆる外来系土器の出土数は在地系のものにくらべればごくわずかで、吉野ヶ里集落が前期以来、在地の人びとによって営まれつづけたことがわかる。集落をとりかこむ環壕の上層には古墳時代はじめの布留《ふる》0式の土器も散見される。また、

図55 • 高床倉庫群内の市楼の可能性がある建物
終末期のなかで一度建て替えられている総柱の高層建物。構造や位置から古代中国の市を管理する市楼（旗亭）のようなものか。

北内郭跡周辺や南内郭西方の高床倉庫群跡一帯で小規模ながら集落が営まれつづける。

各環壕や各種遺構の細かな年代や変遷は現在精査中だが、周囲をかこむ大規模環壕や南北内郭の環壕やそこから掘り上げられた土によって形成された土塁が邪馬台国時代にも存在した可能性が高いと考えられ、また、環壕などに大量に埋没した終末期（庄内式期）の土器からは、邪馬台国時代に吉野ヶ里集落内部で多くの人びとが活発に生活していたことを示しているのである。

2　中国文化の影響

集落構成

こうして「倭人伝」と吉野ヶ里遺跡を比較すると、佐賀平野の弥生文化、とくに中期後半から終末期（邪馬台国時代）の文化にはさまざまな中国文化の影響をみることができる。

弥生時代中期前半の吉野ヶ里集落には、南に祭壇が、北方に墳丘墓が設けられ、この墳丘墓と祭壇を結んだ線のはるか南には火山、雲仙岳があることはすでに紹介した。そして終末期に、この軸線の上に北内郭の大型重層建物が建てられた。このような配置関係は、中期後半の佐賀県鳥栖市の柚比本村《ゆびほんむら》遺跡でもみられる。

一方、吉野ヶ里の中期環壕集落の中心部では、西の丘陵頂部あたりが首長層の居住区で、東方や東斜面に一般の集落構成員の居住区があったと考えられる。つまり集落全体の構成は、中期には西上位・東下位の構成で、終末期には北上位・南下位の構成となっているのである。これは中国の前漢から後漢・魏への都城構造の変化に応じて、吉野ヶ里でも「座西朝東」から「座北朝南」へと対応した可能性もある。

前漢の長安城では西に皇帝の宮殿があり、東に臣下が集う官庁街（衙署）があり、後漢・魏の洛陽城では北に皇帝の宮殿を置き、それぞれ南に臣下が集う官庁街があった。また、この前漢から後漢・三国時代の都城の変化にもかかわらず、北に方丘や方沢（四角い丘や池）、南に霊台（天文台）や円丘（丸い丘）などの祭祀施設を配置するという構造は変わっていない。つまり、祖霊が眠る墳丘墓を最上の方位とし、祭祀をつかさどる司祭者（あるいは南西の南内郭に住む大人層）を下位ととらえた構成といえる。

突出部・物見櫓（楼観）と中国城郭

後期の吉野ヶ里集落では内郭の環壕各所に突出部をつくりだし、その内側に物見櫓（楼観）が設けられていたことが注目されるが、こうし

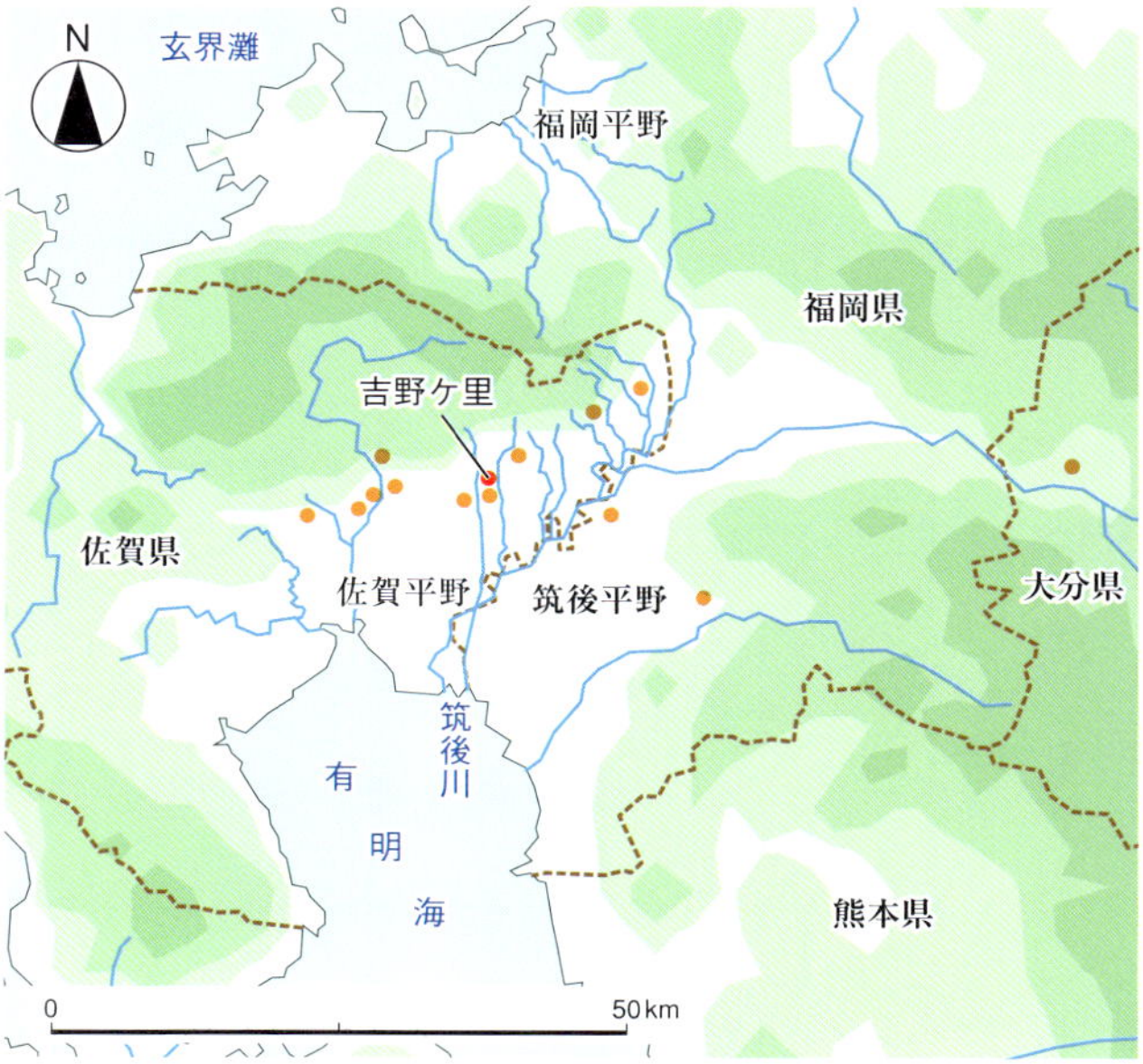

図56 ● 環壕に突出部をともなう弥生時代の集落跡
佐賀平野に集中し、一部福岡、大分の筑後川流域に存在する。
ただし、突出部に物見櫓が付属するのは吉野ヶ里遺跡のみ。

た突出部が備わった環壕をもつ集落跡が、佐賀平野を中心に一部筑後川流域に分布することは知られていた。

環壕に突出部をともなう弥生時代集落跡は、現在までに吉野ヶ里遺跡を含む佐賀平野の一一遺跡と、福岡県筑後平野の二遺跡（久留米市道蔵《どうぞう》遺跡・八女市中里遺跡）、大分県日田盆地の一遺跡（小迫辻原《おざこつじばる》遺跡）の計一四遺跡で（図56）、一八の環壕跡が確認されている。つまり、筑紫平野の西半を占める佐賀平野を中心に、筑紫平野の中心を流れる筑後川流域に一部が分布しているのである。これら遺跡のなかで突出部の内側に高層の建物跡（物見櫓）があるのは吉野ヶ里遺跡のみである。

これらは、古代中国（秦漢三国時代）の城壁に普遍的に付属する守城（防御）施設をつよく意識したものと考えられる。中国では城郭にはさまざまな守城施設が備えられていたが、城壁には一定の間隔をもって馬面、城壁の角には角楼とよばれる突出部が設けられていた。正面からだけではなく左右に展開する敵に対しても攻撃が仕掛けられる守城施設である。また、守城の要である門には、馬面・角楼と同じく前方左右からの敵に対する守城施設である平面形が半円形や方形、L字形の付属の城壁である甕城や護城墻が設けられていた（図57）。すでにふれたように北内郭跡でも、A字の先端付近の門が壕の陸橋部分を左右にずらして、そのあいだを木塀でかこむ中国の甕城のような閉鎖的な鍵形構造となっていた。

中国城郭の影響は、後期後半から終末期に属する四〇ヘクタール規模の環壕集落の外環壕跡でも、門の部分の環壕を外側に大きく突出させているものや門の両側の環壕の先端を内外にずらして鍵形にしたものなど、中国城郭の門を意識した構造が確認できる。

　こうした吉野ヶ里遺跡の集落構造にみられる中国的な要素は、外交などの往来の過程で現地をつぶさに観察して生まれたのだろう。中国古代の正史である『漢書』地理誌や『後漢書』東夷伝、「倭人伝」などには、紀元前一世紀以降、倭国から、朝鮮半島に漢が設置した楽浪郡・帯方郡や後漢・魏の都である洛陽への朝貢記事があるように、朝貢外交をとおして見聞した知識を用いて、集落の中国化に努めたものと考えられる。

『後漢書』が記す、後漢安帝の永初元年（一〇七）に生口一六〇人を献じた倭国王帥升は、別の中国古典では倭面土（地）王帥升とある。面土は吉野ヶ里遺跡の東に存在する現在の地名「吉野ヶ里町目達原《めたばる》」や「上峰町米多《めた》」に当てることができ、古墳時代には応神天皇曽孫の都紀女加《つきめか》を初代とする筑紫米多国造の本拠地であった。この遺使の後、吉野ヶ里集落の中国化が進むことは興味をそそられる。

　このことは、これまで述べたように、集落構造の中国化

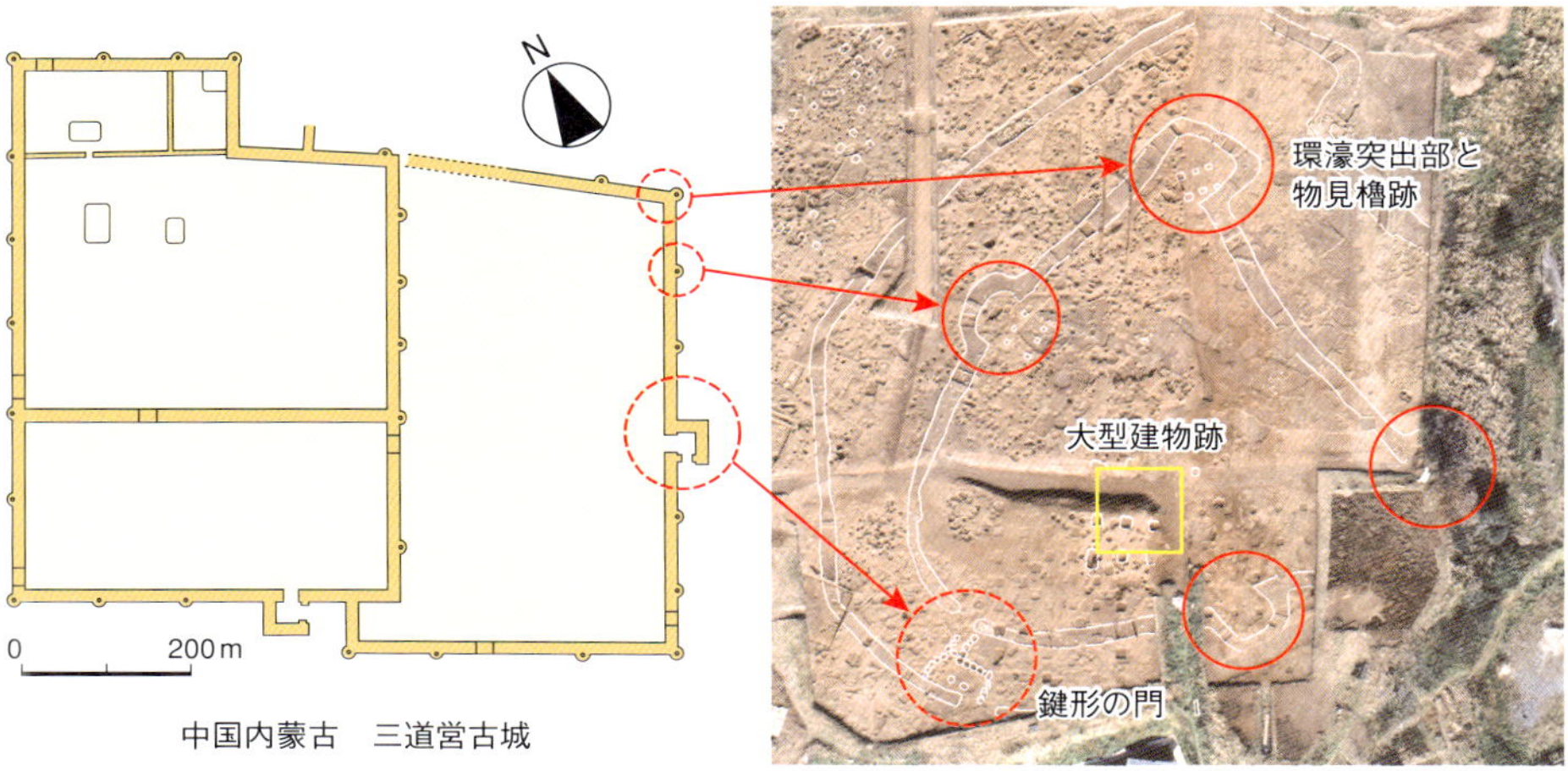

図57 ● 古代中国と北内郭の守城施設の類似
吉野ヶ里遺跡の南北内郭で発掘された環壕突出部と物見櫓、鍵形の出入り口は、古代中国の城壁にある防御施設の影響を受けている。

と合わせて、弥生時代後期をとおして漢鏡や素環頭大刀など中国王朝の権威を帯びた品々が絶えることなくもたらされていることからも推測できるのである。

3 巨大環壕集落の終焉

古墳時代初頭の吉野ヶ里

三世紀後半になると、吉野ヶ里遺跡全体をとりかこんでいた外環壕や北内郭・南内郭の内壕はほぼ埋没する。南内郭一帯に住居はみられなくなり、大倉庫群があった外壕西側では古墳時代初頭の竪穴住居跡が数棟みつかるだけである。北内郭のすぐ西や北方約五〇〇メートルあたりでも竪穴住居跡が確認されたが、集落の規模はきわめて小さい。

弥生時代前期から終末期まで繁栄した弥生の大集落は、弥生時代の終わり、古墳時代の到来とともに姿を消したのである。

それと前後するかのように、南内郭付近の丘陵部に前方後方墳四基と方形周溝墓四基が相次いで造営される（図58）。前方後方墳は北から南にむけてつくられ、次第に規模が大きくなっている。最後につくられた一番南の前方後方墳は全長四〇メートルで、九州では最大規模の前方後方墳である。その北に隣接する方形周溝墓もおよそ三〇メートル四方の大型のものである。古墳時代初頭の前方後方墳を主体とする古墳がこれだけまとまって築造された例は九州ではめずらしい。このように吉野ヶ里丘陵の南側一帯は、集落から埋葬の地へと変わったのである。

古墳時代の新たな集落の誕生

吉野ヶ里遺跡の衰退に並行して、その西約二〇〇メートルの低丘陵上に突如として出現するのが神埼市の枝町《えだまち》遺跡の集落である（図59）。断片的にしか調査されていないが、広範囲の集落遺跡と考えられる。

また、北西一・八キロにある神埼市の右原《みぎはる》祇園町《ぎおんまち》遺跡では、古墳時代はじめの首長居館と考えられる方形環壕区画が確認されている。三辺の溝跡が確認されており、内部は約二五メートル四方と考えられるが、一カ所みつかった溝のコーナー部分は少し突出している。溝からは畿内系土器（布留式）を主体とする多数の土器などが出土した。

蒲原宏行によると、弥生時代の終わりころから古墳時代のはじめの佐賀平野の状況は、環壕集落の解体、方形居館・屋敷地の出現、集落遺跡の分布変動、前方後方墳・方形周溝墓などの広範な出現、集団墓の消滅、外来系土器への様式変化などの現象が短期間のうちにいっせいに起こっている。

このほか銅鐸や銅矛・銅戈など共同体の祭祀具と考えられる青銅祭器の埋納、前方後円墳の築造開始もこの時期に

図58 ● 古墳時代初頭の前方後方墳
古墳時代になると、南内郭があった南の丘の上には前方後方墳や方形周溝墓が順次築造されている。

あたると指摘されている。これらの現象の大半は畿内から波及したものであり、畿内の大和地方に王権が誕生し、その支配体制に組み込まれたか、または地方の有力集団らが積極的に関わった結果、閉鎖的・防御的な地域の拠点集落をとりかこんでいた環壕は埋められたのであろう。

吉野ヶ里遺跡を擁する神埼地方（吉野ヶ里のクニ）と西隣の佐賀地方（佐嘉のクニ）、さらにその西の小城地方（小城のクニ）のこの時期の集落分布を、弥生時代終末期で終わる集落と、終末期から古墳時代はじめまで継続した集落、古墳時代はじめに新たに出現した集落の三者に分けてみてみると興味ぶかい事実が認められる（**図59**）。

吉野ヶ里のクニでは古墳時代まで継続した集落が多く存在するものの、古墳時

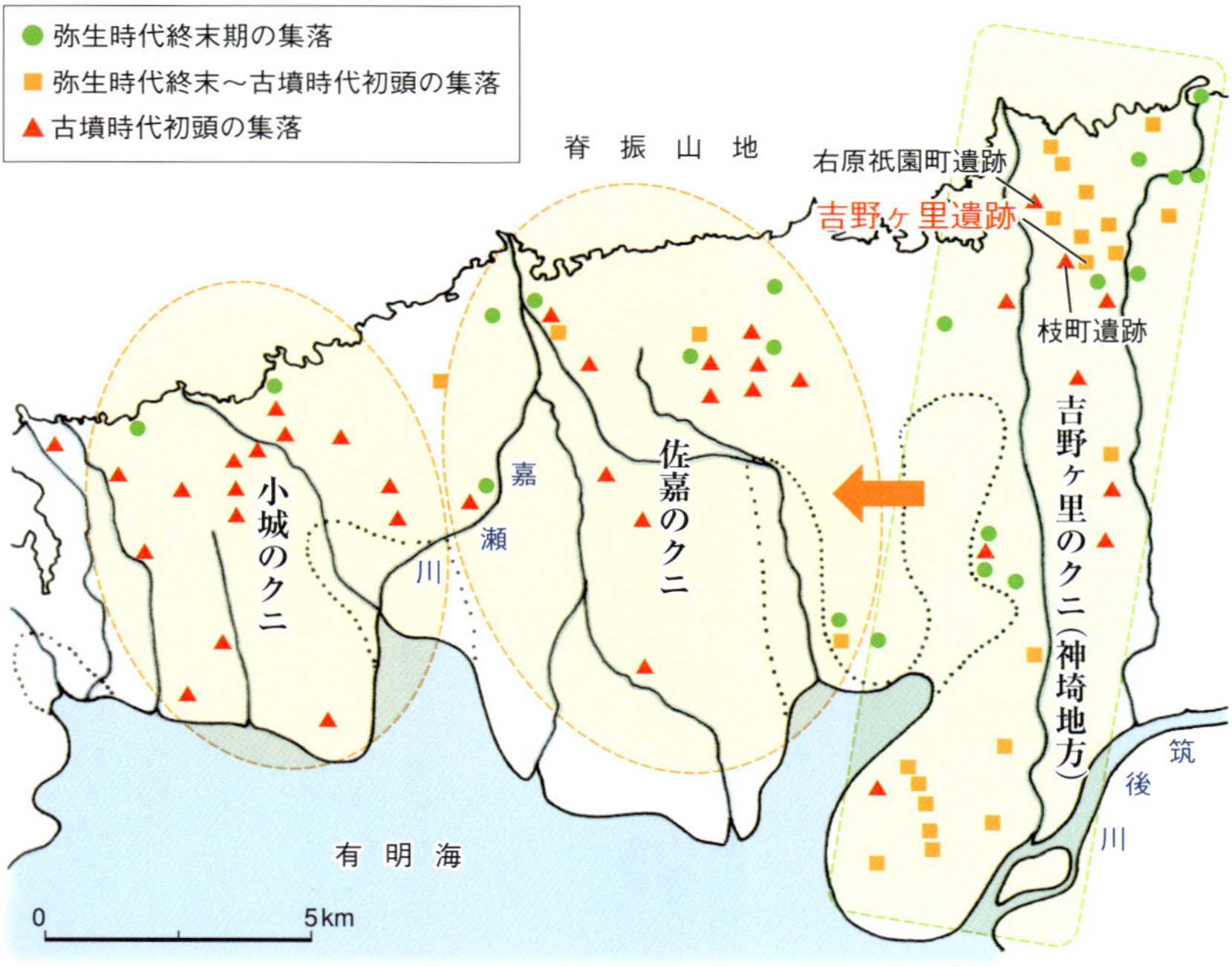

図59 ● 弥生時代終末期～古墳時代初頭の佐賀平野の集落分布
後期から終末期にかけて勢力をもっていた吉野ヶ里集落を擁する神埼地方は、古墳時代になると急速に弱まり、西の佐賀や小城地方へ移っていく。

代になって新たにできた集落は少ないのに対し、古墳時代になって佐嘉のクニと小城のクニで新たに多数の集落が営まれるようになる。まさに、佐賀平野では古墳時代の中心が佐賀・小城地方へ移ったことを示している。この地域では定型的な前方後円墳が築造されるが、神埼地方では筑紫米多国造の墳墓群と目される五世紀の目達原《めたばる》古墳群の出現を待たなければならない。

弥生時代の拠点集落であった環壕集落に対し、古墳時代の集落形態として注目されるのが豪族居館などとよばれる方形居館である。初期のものとしては有明海沿岸に位置する福岡県八女市の深田遺跡が知られ、中・後期のものとしては群馬県の三ッ寺《みつでら》Ｉ遺跡や原之城《げんのじょう》遺跡が著名である。

深田遺跡では方形にめぐる壕の四隅と、向かいあう二辺の中央の計六カ所の突出部を設けており、吉野ヶ里遺跡など有明海沿岸地方の突出部をもつ弥生時代環壕区画の系譜をひくものである。このような居館構造は短期間のうちに近畿地方から関東地方へ伝播したものと考えられる。五世紀の三ツ寺Ｉ遺跡など多くの方形居館でも環濠にかこまれた内部の各所に突出部を設けている。

つまり、環壕集落の内部に存在していた首長の居住空間が、ムラの外に出ることによって、集落構成員とは隔絶された首長居館になったと考えられる。まさに弥生時代から古墳時代へと移行する首長層の居住空間の構造変化を端的に示すものが、環壕集落の解体と首長居館の成立といえるのである。

4　よみがえる吉野ヶ里

吉野ヶ里遺跡はいま、国営吉野ヶ里歴史公園に姿を変え、年間約七〇万人が訪れる観光地となっている。「弥生人の声が聞こえる」を基本テーマに、「吉野ヶ里遺跡の保存を通じての本物へのこだわり」と「弥生時代を体感できる場を創出することとし、もって日本はもとより世界への情報発信の拠点とする」ことを基本理念とした。

広大な公園区域は、弥生時代の施設を復元する環壕集落ゾーン、弥生時代の水田や草地を復元する古代の原ゾーン、弥生時代の森林を復元する古代の森ゾーンなどが整備されているが、その中核となるのが、吉野ヶ里集落がもっとも発展した弥生時代終末期（三世紀前半）の大規模環壕集落の当時の姿を推定し再現する環壕集落ゾーンである。

北から「北墳丘墓と北内郭の地域」「南内郭の地域」「南の集落（ムラ）と南墳丘墓の地域」の三ゾーンに大きく分け、約一・三キロにおよぶ外環壕・土塁・柵によってかこまれた内部に、最高祭司権者の祭事・居住の場である「北内郭」、首長や大人層の政事・居住の場である「南内郭」、集落を超えたクニの蓄えを収め市の機能も推定される公的群倉である「倉と市」、一般村民が居住する「南のムラ」などを実物大復元した。

当時の状況や構造が明らかにされるまでは安易に復元すべきでないという意見や、実物大の復元整備に対する批判的な意見も多い。設計に携わった関係者の誰もが現状の復元が完全だとは考えておらず、さらに議論が活発化することを望んでいる。

仮整備が進んでいたころ、遺跡を訪れた坪井清足氏に「観光地になってしまいます」となかば自虐的に言うと、考古学者としてまた長年文化財行政にかかわってこられた氏から「いいじゃないか、質の良い観光地ならば」という言葉が返ってきたのを、いまでも忘れられない。そういえば世界の多くの観光地は、自然景観のすばらしさと歴史文化遺産の重みが重なっている。また地域経済にとっても、重要な産業・観光資源として認識されている。今後は、吉野ヶ里遺跡の調査・研究・文化財情報発信の拠点としての本格的な博物館が求められるし、周辺地域の市・町と連携した整備も大きな課題である。

吉野ヶ里遺跡は、肥沃で広大な平野と豊かな水、海外に通じる静かな海である有明海があったからこそ生まれた集落であった。遺跡からみえてくる地域の特質を生かした地域創造に、本気でとりくむ時期にきている。一九八九年二月に突如登場した吉野ヶ里遺跡は、たんなる重要遺跡の発掘ということにとどまらず、遺跡と社会のこれからを考え、よりよいあり方を模索しつづける遺跡になってほしい。

図60 ● 吉野ヶ里歴史公園の環壕集落ゾーン

参考文献

松尾禎作ほか　一九二五『古代東肥前の研究』
三友国五郎　一九三四「佐賀県に於ける合甕遺跡地」『考古学雑誌』二四巻五号
七田忠志　一九三四「その後の佐賀県戦場ヶ谷遺跡と吉野ヶ里遺跡について」『史前学雑誌』六巻四号
七田忠志　一九四一「日本考古学の反省」『歴史』一六巻四号
七田忠志　一九五〇「郷土の歴史的研究の重要性とその方法に就いて」『郷土研究』創刊号
田中　淡　一九八九「「墨子」城守篇の築城工程」『中国古代科学史論』京都大学人文科学研究所
楊　寛　一九八七『中国都城の起源と発展』学生社
蒲原宏行　一九九四「古墳時代初頭前後の佐賀平野」『日本と世界の考古学―現代考古学の展開―』岩崎卓也先生退官記念論文集　雄山閣出版
蒲原宏行　一九九五「九州2（佐賀県）」『ムラと地域社会の変貌―弥生から古墳へ―』埋蔵文化財研究会
七田忠昭　一九九六「日本の弥生時代集落構造にみる大陸的要素―環壕集落と中国古代城郭との関連について―」『東アジアの鉄器文化』韓国国立文化財研究所
大阪府立弥生文化博物館　一九九七『青銅の弥生都市―吉野ヶ里をめぐる有明のクニグニ―』
岡村秀典　一九九九『三角縁神獣鏡の時代』吉川弘文館
七田忠昭　二〇〇五『日本の遺跡2　吉野ヶ里遺跡』同成社
七田忠昭　二〇〇九「弥生集落の展開」玉田芳英編『史跡で読む日本の歴史1　列島文化のはじまり』吉川弘文館
佐賀県教育委員会　二〇一一『弥生時代の吉野ヶ里―集落の誕生から終焉まで―』
北條芳隆　二〇一三「黄泉国と高天原の成立過程」『季刊考古学』第一二二号
佐賀県教育委員会　二〇一六『吉野ヶ里遺跡―弥生時代の集落跡―』佐賀県文化財調査報告書二〇七集

＊本書は、調査研究に終始ご指導いただいた高島忠平氏のほか、森田孝志氏、細川金也氏、渋谷格氏、長﨑浩氏、渡部芳久氏をはじめとする多くの調査担当者、また全国あるいは韓国、中国の研究者からのご教示や日頃の意見交換によるところが多い。心から感謝したい。

吉野ヶ里歴史公園

- 佐賀県神埼市と神埼郡吉野ヶ里町にまたがる
- 電話　0952（55）9333
- 開館時間　9：00～17：00（6月1日～8月31日は18：00まで）
- 休園日　12月31日、1月の第3月曜日とその翌日
- 入園料　大人（15歳以上）420円、小中学生80円、シルバー（65歳以上）200円
- 交通　JR長崎本線「吉野ヶ里公園」「神埼」駅下車、徒歩約15分。車で長崎自動車道東脊振ICを下り、385号線を南へ向かって約5分

復元された北内郭の大型建物

第5章「4　よみがえる吉野ヶ里」でふれたように、「弥生人の声が聞こえる」を基本テーマに、当時の施設の復元や発掘物の展示などを通じて、弥生時代を体感できる場を創出し、日本はもとより世界への情報発信の拠点とすることを目的にした公園。国と県が一体となった歴史公園として現在、面積約九六・九ヘクタールが開園している。

建物の復元にあたっては、発掘された遺構の構造や全国の弥生時代遺跡から出土した建築部材や道具類、弥生人が描いた建物絵画、直後の古墳時代の家形埴輪、当時、交流・外交関係にあった韓半島や古代中国の集落・建物関係資料などを参考に、専門家と協議を重ねて当時の姿を推定してある。

出土遺物に関しては、環濠集落ゾーンの南内郭近くにある展示室で一部を展示・解説している。今後、有柄式銅剣やガラス管玉などの重要文化財をはじめとする重要な遺物を展示する本格的な博物館の整備が望まれる。

また南内郭・北内郭においては随時、弥生人に扮したスタッフがガイドをおこなっているほか、「火おこし」「土笛づくり」「勾玉づくり」「布づくり」「楽器製作と演奏」などのものづくり体験プログラムを開催している。

墳丘墓の展示施設

遺跡には感動がある

――シリーズ「遺跡を学ぶ」刊行にあたって――

「遺跡には感動がある」。これが本企画のキーワードです。

あらためていうまでもなく、専門の研究者にとっては遺跡の発掘こそ考古学の基礎をなす基本的な手段です。また、はじめて考古学を学ぶ若い学生や一般の人びとにとって「遺跡は教室」です。

日本考古学では、もうかなり長期間にわたって、発掘・発見ブームが続いています。そして、毎年厖大な数の発掘調査報告書が、主として開発のための事前発掘を担当する埋蔵文化財行政機関や地方自治体などによって刊行されています。そこには専門研究者でさえ完全には把握できないほどの情報や記録が満ちあふれています。しかし、その遺跡の発掘によってどんな学問的成果が得られたのか、その遺跡やそこから出た文化財が古い時代の歴史を知るためにいかなる意義をもつのかなどといった点を、莫大な記述・記録の中から読みとることははなはだ困難です。ましてや、考古学に関心をもつ一般の社会人にとっては、刊行部数が少なく、数があっても高価なその報告書を手にすることすら、ほとんど困難といってよい状況です。

いま日本考古学は過多ともいえる資料と情報量の中で、考古学とはどんな学問か、また遺跡の発掘から何を求め、何を明らかにすべきかといった「哲学」と「指針」が必要な時期にいたっていると認識します。

本企画は「遺跡には感動がある」をキーワードとして、発掘の原点から考古学の本質を問い続ける試みとして、日本考古学が存続する限り、永く継続すべき企画と決意しています。いまや、考古学にすべての人びとの感動を引きつけることが、日本考古学の存立基盤を固めるために、欠かせない努力目標の一つです。必ずや研究者のみならず、多くの市民の共感をいただけるものと信じて疑いません。

二〇〇四年一月

戸沢充則

著者紹介

七田忠昭（しちだ・ただあき）

1952年、佐賀県神埼市神埼町生まれ。

國學院大學文学部史学科（考古学専攻）卒業。

1977年、佐賀県教育庁入庁、文化財保護事務と県内遺跡の発掘調査を担当し、1986年～2008年の22年間、吉野ヶ里遺跡発掘調査の発掘責任者を務めながら国営吉野ヶ里歴史公園の整備事業に携わる。その後、佐賀県立博物館・美術館長を経て、現在、佐賀県立佐賀城本丸歴史館長。

おもな著作 『吉野ケ里遺跡発掘―古代の謎をさぐる―』ポプラ社教養文庫、『日本の遺跡２　吉野ヶ里遺跡』同成社、「弥生集落の展開」『史跡で読む日本の歴史１　列島文化のはじまり』吉川弘文館、「邪馬台国―九州説の一例　佐賀県吉野ヶ里遺跡の発掘成果から―」『季刊考古学別冊18　邪馬台国をめぐる国々』雄山閣ほか多数。

写真提供（所蔵）
佐賀県教育委員会（図37：毎日新聞社提供）

図版出典・参考（一部改変）
図2：国土地理院100万分の1「日本図-Ⅲ」／図9・13・19・35：佐賀県教育委員会2016／図31：佐賀県教育委員会2011／図33：国土地理院5万分の1地形図「佐賀」「脊振山」／図59：蒲原宏行1995

上記以外は著者

シリーズ「遺跡を学ぶ」115

邪馬台国時代のクニの都　吉野ヶ里《よしのがり》遺跡

2017年 3月10日　第1版第1刷発行

著　者＝七田忠昭
発行者＝株式会社 新 泉 社
東京都文京区本郷2－5－12
TEL 03（3815）1662 ／ FAX 03（3815）1422
印刷／三秀舎　製本／榎本製本

ISBN978－4－7877－1635－4　C1021

シリーズ「遺跡を学ぶ」

第1ステージ（各1500円＋税）

第2ステージ（各1600円＋税）